KB219447

기도를 의심하다

기도를 의심하다

지은이 | 노진준
초판 발행 | 2025. 1. 22
등록번호 | 제1988-000080호
등록된 곳 | 서울특별시 용산구 서빙고로 65길 38
발행처 | 사단법인 두란노서원
영업부 | 2078-3333   FAX | 080-749-3705
출판부 | 2078-3331

책값은 뒤표지에 있습니다.
ISBN 978-89-531-4996-0 03230

독자의 의견을 기다립니다.
tpress@duranno.com   www.duranno.com

* 본문에 사용된 성경은 개역개정임을 밝힙니다.

두란노서원은 바울 사도가 3차 전도여행 때 에베소에서 성령 받은 제자들을 따로 세워 하나님의 말씀
으로 양육하던 장소입니다. 사도행전 19장 8-20절의 정신에 따라 첫째 목회자를 돕는 사역과 평신도
를 훈련시키는 사역, 둘째 세계선교(TIM)와 문서선교 단행본·잡지)사역, 셋째 예수문화 및 경배와 찬양 사
역, 그리고 가정·상담 사역 등을 감당하고 있습니다. 1980년 12월 22일에 창립된 두란노서원은 주님
오실 때까지 이 사역들을 계속할 것입니다.

기도를 의심하다

노진준 목사의 믿고 듣는 기도 강의

노진준 지음

두란노

목
차

Step 1 기도의 첫걸음

Step 3 더 깊은 기도

기도가 어렵다고 말하는 사람들이 있습니다. 그 말의 의미가 다양하다 싶은데, 기도를 경건 생활의 수단으로 생각해서 꾸준한 기도 생활이 어렵다는 의미일 수도 있고, 기도를 살아가는 데 필요한 도움을 얻는 수단으로 생각해서 기도의 응답이 잘 안 되어서 어렵다는 의미일 수도 있습니다. 아니면 기도를 하나님으로부터의 계시의 수단으로 생각해서 소통이 잘 안 된다는 의미일 수도 있습니다.

미국의 한 기자가 통곡의 벽 앞에서 경건하게 기도하는 노인을 인터뷰했습니다.

"이 앞에서 얼마나 오랫동안 기도하셨습니까?"

"거의 반평생을 기도했습니다."

"통곡의 벽 앞에서 기도할 때 어떤 심정이십니까?"

"벽 앞에 홀로 서서 말하는 기분입니다."

기도는 대화라고 하고, 기도는 호흡이라고 하고, 기도

는 친밀한 교제라고 말하기도 합니다. 하지만 모든 것을 다 아시는 하나님 앞에서 무슨 기도를 해야 할지 모르겠고, 하나님이 기도를 들으셨는지도 모르겠고, 너무 자주 벽 앞에서 독백을 하는 것 같아 기도를 지속해야 할 의미와 의욕을 상실하기도 합니다.

어느 분이 한 말이 저는 너무 공감됩니다.

"기도를 할 때마다 마치 하나님이 방금 전에 떠나신 것 같거나, 아직 그 장소에 도착하지 않으신 것 같은 심정이다."

기도란 결국 하나님의 임재 앞에 있다는 의미일 텐데, 기도를 하면서 하나님의 임재가 느껴지지 않는 경우들이 많으니까요. 물론 단순한 감정에 휘둘려서는 안 되고 약속에 대한 의지적인 인정이 기도를 가능케 한다는 것을 잘 알고 있지만, 임재의 체험이 없는 의지적 행위는 시간이 지날수록 심령을 메마르게 할 뿐입니다.

기도 중에 임재를 확인하고 느끼기 위해서 마치 예수님이 눈앞에 계신 것처럼 상상하며 대화하기도 하고, 성경을 읽으면서 하나님의 계시에 마음을 집중한 후에 기도를 시작하기도 하고, 마음을 비우기 위해서 한참을 아무 생각 없이 앉아 있다가 기도하기도 합니다. 하지만 17세기 프랑스의 경건주의자인 로렌스 형제(Brother Lawrence)가 경험한 하나님의 임재는 연습으로 익숙해지는 것은 아닙니다.

기도의 중요성도 알고, 필요성도 인정하고, 능력도 믿지만 저에게는 기도가 여전히 어렵습니다. 기도에 어떻게 감정을 이입해야 하는지, 어떻게 냉철한 이성을 유지해야 하는지, 어떤 기도가 합당한 기도인지, 기도 중에 하나님을 의식한다면 합당한 예의와 친밀함은 어떻게 구별되어야 하는지, 진실하고 솔직한 기도와 야망의 합리화는 어떻게 구별되어야 하는지, 제법 긴 시간 기도 생활을 했지만 아직도 모르겠습니다.

그런데 저를 괴롭히는 것은 어떤 기도가 합당한지를 몰라서 경험하는 애매함과 긴장이 아니라, 그런 긴장을 의식하지 않으려는 저의 가벼움입니다. 그 가벼움은 기도를 개인의 경건으로만 생각하고 싶은 종교적 의무감, 곧 자기 의에서 비롯된 것입니다.

한번은 어느 집회에서 기도한다고 원하는 것을 받는 것도 아니고, 기도를 많이 한다고 하나님이 더 사랑하시는 것도 아니라고 설교했더니, 설교 후에 어느 분이 이렇게 말했습니다.

"목사님, 그렇게 말씀하시면 교인들이 기도 안 합니다".

마치 30년 목회 기간, 50년 기도 생활 중에 가졌던 제

속내가 들킨 것 같아 뜨끔했습니다.

이 책은 제 기도 생활의 성공담이 아닙니다. 그렇다고 저는 이 책을 제 기도 생활의 실패담이라고 부르고 싶지도 않습니다. 기도는 결국 실패와 성공을 거듭하는, 하나님 앞에서의 긴장된 삶이기 때문입니다. 기도 생활에서 제가 승리했는가, 실패했는가보다 훨씬 더 중요한 것은 '예수 그리스도를 통한 하나님의 은혜가 승리했는가'인데, 제가 반복된 실패와 혼란 중에도 여전히 기도하고 있음은 은혜의 승리입니다.

하나님은 원함을 이루심에 우리의 기도를 필요로 하지 않으십니다. 하지만 우리의 기도를 통해서 일하기로 하셨기에, 기도는 '결과적으로 절대적 필요'(Consequent Absolute Necessity)라고 부를 수 있습니다. 하나님은 우리의 기도를 기뻐하기로 하셨고 우리의 기도를 통해 일하기로 했다고 말씀하셨으니까요.

그래서 우리는 기도합니다. 아니, 기도하려고 힘을 씁니다. 그렇게 기도의 자리를 놓치지 않으려고 몸부림을 치면서 기도의 필요성이나 중요성, 혹은 하나님의 약속을 의심하는 것이 아니라, 하나님 앞에 바른 기도를 드리기 위해 끊임없이 우리의 마음을 의심합니다. 이 책이 기도를 어려워하는 많은 분에게 공감되는 고민의 흔적이 되었으면 좋겠습니다.

2025년 신년에
댈러스의 서재에서
노진준

Step 1

기
도
의

첫
걸
음

1

구하면
정말로 주실까요?

———

마 7:7-12

혼자 힘으로 잘 사는 사람도 있지만, 대부분의 사람들은 살아가면서 '누군가 조금만 도와주면 잘할 수 있겠다' 싶은 상황이나 '내 힘으로는 아무것도 할 수 없다'며 누군가의 도움을 절실하게 구하는 상황을 맞닥뜨리곤 합니다. 평소에는 관심이 없다가도 절박한 상황에 처하면 "도움을 얻을 수 있다"는 말에 귀가 솔깃해집니다.

그 안타까운 마음을 헤아려 볼 때, 그들의 절박함을 이용해 이득을 취하려는 이들의 잔인함은 울분을 자아내기에 충분합니다. 또한 도움 받을 수 있으리라는 실낱같은 희망에 손을 내밀었다가 아무런 도움도 받지 못했을 때의 상실감은 제법 긴 시간 아픔으로 남을 테지요. 종교(교회를 포함해서)는 이 같은 인간의 한계를 악용할 가능성이 높습니다. 따라서 우리는 믿음과 순종이라는 명목 아래 약한 사람들을 이용하고 있지는 않은지 항상 살펴야 합니다.

이런 인간의 한계에서 "구하라 그리하면 너희에게 주실 것이요"(마 7:7)라는 하나님의 약속은 특별히 하나님과의 친밀함을 믿고 살아가는 사람들에게는 그야말로 사막에서 만난 생수와도 같습니다. 하지만 그 약속이 고난의 현장에서 시원하게 응답되는 경우는 그리 많지가 않습니다.

나름대로 하나님을 신뢰하며 살고자 하는 경건한 사람들은 약속과 현실의 괴리를 자신의 허물과 부족 탓으로 이해합니다. 하나님의 약속은 분명하지만 믿음이 없어서, 정성이 부족해서, 잘못 구해서 하나님이 주지 않으신 것이라고 생각하는 것이지요.

하지만 그렇게 생각하려고 해도 석연치가 않습니다. 섭섭하고 아쉽습니다. 연약한 우리로서는 그처럼 절박한 상황에서 하나님께 무엇을 어떻게 구해야 할지를 정말 모르겠으니까요. 그리고 감내해야 하는 아픔과 고통의 현실은 너무 부담스러우니 말입니다.

안 구해도 주실까

"구하면 정말로 주실까?" 저는 이 질문을 가지고 고민하면서 다른 질문을 던져 보았습니다. "안 구해도 주실까?" 살면서 제가 경험했던 힘든 시간들은 '구한 것을 주지 않으심'으로 발생했지만, 동시에 제가 경험했던 많은 아름다운 시간들은 '구하지 않았음에도 주심'으로 발생했습니다. '구함'과 '누림'은 공식적인 상관관계가 없다는 것이 제 삶의 경험입니다.

열심히 기도하는데도 힘들게 사는 사람들보다 저를 더 혼란스럽게 만드는 이들은 전혀 기도하지 않는데도 힘들지 않게 사는 사람들입니다. 아마도 그래서 하박국 선지자도, 예레미야 선지자도 '악인이 형통하고 의인이 고난을 당하는 이유'에 대해 하나님과 변론하고 싶어 했을 것입니다.

그렇다면 예수님이 말씀하신 "구하라 주실 것이요"라는 약속은 어떻게 이해해야 할까요?

저는 이렇게 말씀하신 예수님의 마음을 헤아려 보고 싶었습니다. 절박한 상황에 처한 사람들을 이용해 충성하고 헌신하도록 하려는 악한 의도가 아니라면, 왜 구하면 주겠다고 말씀하셨을까요? 여기에는 하나님의 선하심에 대한 인격적인 신뢰가 요청됩니다. 그리고 그 선하심은 하나님이 아들 예수 그리스도를 우리에게 주심으로 확증되었습니다. 따라서 우리 주님이 필요한 것을 채워 주기 위한 공식이나 노하우로, 혹은 헌신과 순종을 끌어내기 위한 의도로 이 말씀을 하신 것은 아니라고 저는 믿습니다.

예수님은 마태복음 6장 7절에서 제자들의 기도가 이방인의 기도와 달라야 한다고 말씀하시면서, "중언부언하지 말라"고 하셨습니다. '중언부언'이란 의미 없는 말의 반복입니다. 이방인은 기도를 많이 해야 하나님이 들으실 것이라고 믿고 같은 말을 수없이 반복했습니다. 예수님은 "그들을 본받지 말라"고 하시면서 "구하기 전에 너희에게 있어야 할 것을 하나님 너희 아버지께서 아시느니라"(마 6:8)라고 말씀하셨습니다.

이방인은 자기의 필요를 채우기 위한 목적으로 열심히 기도했지만, 하나님은 우리가 구하기 전에 무엇이 있어야 할지를 다 아시고 필요한 것을 주시는 분입니다. 그럼에도 주님이 기도하라고 말씀하셨으니, 기도는 필요를 채우기 위한 수단이 아니라, 어떤 상황에서도 선한 아버지 되신 하나님을 바라보도록 하기 위한 수단입니다.

구하라고 말씀하신 예수님의 마음

제가 신학교에 있을 때 로저 그린웨이(Roger Greenway)라는 교수님이 있었습니다. 멕시코에서 선교를 오래 한 분인데, 한번은 선교지에서 있었던 일을 이야기해 주었습니다.

어느 날 저녁, 누군가 밖에서 문을 두드렸습니다. 나가 보았더니 10세 정도 되어 보이는 멕시코 여자아이가 서 있었습니다. 초라하기 이를 데 없고 잔뜩 겁에 질린 모습이었습니다. 너무 불쌍해서 집으로 들어오라고 했습니다. 자초지종을 물었더니 조심스럽게 입을 열었습니다. 엄마는 자기가 세 살 때 돌아가셨고 알코올 의존증인 아버지가 술에 취해 자기를 죽이려고 해서 4개월 전에 도망 나왔다고 했습니다. 그 후 이곳저곳을 다니면서 쓰레기통을 뒤지기도 하고 구걸도 하면서 살았습니다. 마침내 그 마을까지 흘러들어왔는데 그 집이 선교사의 집인 것을 알고 저녁 한 끼라도 얻어먹을 수 있을까 싶어 문을 두드린 것이었습니다.

너무 불쌍했습니다. 그냥 한 끼 먹을 음식을 주고 다시 험한 세상으로 내보낼 수가 없었습니다. 일단 집에 머물도록 한 후 가족들끼리 의논을 했습니다. 합법적인 절차를 거쳐 아이를 입양하기로 결정했습니다. 아이의 허락을 받고 입양 절차를 밟기로 한 그는 아이에게 말했습니다. "이제부터 너는 내 딸이야. 여기는 네 집이니까 네가 원하는 것은 무엇이든 가져도 좋단다. 필요한 것이 있다면 뭐든지 나한테 말해라. 나는 네 아버지다." 아이는 그렇게 하겠다고 했지만 한 번도 필요한 것을 그에게 구하지 않았습니다. 그 아이의 마음을 이해할 수 있나요?

어느 날 아이가 그의 서재로 들어와서는 조심스럽게 책상 옆에 섰습니다. 그가 "왜? 무슨 일 있어?" 하고 묻자 아이는 입을 열어 떨리는 목소리로 말했습니다. "아빠, 신발 끈이 필요해요." 그 말에 그린웨이는 돌아앉아 울었습니다. 아이가 필요한 것을 구해서가 아니라, 필요한 것을 얻기 위해서 아빠를 찾았다는 것 때문이었습니다.

저는 바로 이것이 "구하라"고 말씀하신 예수님의 마음이라고 생각합니다. 돈 많고 유능한 누군가에게 도움을 청하기 위해서가 아니라, 우리를 눈동자같이 살피시고 보호하시는 하나님의 아버지 되심을 경험하기 위해서 기도하라고 하신 것입니다.

구하는 자가 관계를 경험한다

이어서 주님이 말씀하신 예화가 재미있습니다. "너희 중에 누가 아들이 떡을 달라 하는데 돌을 주며 생선을 달라 하는데 뱀을 줄 사람이 있겠느냐"(마 7:9-10) 하고 예수님은 말씀하셨습니다. 아버지라면 자녀가 떡을 달라고 하면 떡을 줍니다. 하지만 만일 돌을 달라고 하면 어떻게 하지요? 구하는 것을 줄까요? 아니, 만일 어떤 이유에서든 구하지 않는다면 안 줄까요? 좋은 아버지라면 (자녀가 배고픈 상황에서) 자녀가 떡을 달라고 하면 떡을 주고, 돌을 달라고 해도 떡을 주고, 구하지 않아도 떡을 줄 것입니다.

그래서 예수님의 이 예화의 결론은 "너희가 악한 자라도 좋은 것으로 자식에게 줄 줄 알거든 하물며 하늘에 계신 너희 아버지께서 구하는 자에게 좋은 것[구하지 않은 것]으로 주시지 않겠느냐"(마 7:11)입니다. "구하는 사람이 원하는 것을 얻는다"는 말씀이 아니라, "구하는 사람이 관계를 경험한다"는 말씀인 것입니다. 마태복음의 "좋은 것"이 누가복음에는 "성령"(눅 11:13)으로 기록되어 있습니다. 성령이 하시는 중요한 일이 우리가 하나님을 "아빠 아버지"라고 부를 수 있게 하시는 것이라면 마태복음의 "좋은 것"이 무엇인지 쉽게 이해할 수 있습니다.

이처럼 예수님이 "구하라"고 하신 것은 인간이 하나님으로부터 독립해서 잘 살 수 있도록 필요한 것을 공급받는 비결을 가르치신 것이 아닙니다. 하나님 없이는 아무것도 할 수 없음을 알고 하나님께 더욱 나아가라고 가르치신 것입니다.

진정 원해야 하는 것

마태복음의 산상수훈은 문맥상 연결되어 있다기보다는 문맥과 상관없이 예수님이 베푸신 교훈들을 모아 놓은 말씀이라고 일반적으로 이해합니다. 따라서 기도에 관한 가르침은 황금률로 잘 알려진, 이어서 나오는 마태복음 7장 12절과 상관이 없다고 볼 수도 있습니다. "그러므로 무엇이든지 남에게 대접을 받고자 하는 대로 너희도 남을 대접하라"(마 7:12).

하지만 관계가 있다고 볼 수도 있습니다. 만일 관계가 있다고 본다면, 여기서 제자들이 구해야 하는 것은 무엇일까요? 단순한 일상생활에서의 필요가 아니라, 제자로서의 삶을 살기 위한 하나님의 도우심입니다. 이런 관점이 중요하다고 생각하는 이유는 기도에 전제되어야 하는 것이 '그리스도를 믿음으로 인한 가치관의 변화'라고 여기기 때문입니다.

세상에서 최고가 되거나 잘 사는 것, 고통 없이 편안하게 사는 것은 그리스도인의 궁극적인 원함이 아닙니다. 그리스도인의 궁극적인 원함은 '주님의 기쁨이 되는 것이요, 기쁨이 되시는 주님을 누리는 것'입니다. 그리스도를 통해 주어진 생명의 소중함을 아는 그리스도인은 기도를 통해서 주님을 높이고 싶고, 주님을 누릴 수 있는 힘을 얻고 싶고, 주님과의 관계를 확인하고 싶어 합니다.

당연히 고난과 고통 중에 그리스도인인 우리는 하나님의 도우심을 구하며 기도합니다. 하지만 기도를 통해 우리가 얻기 원하는 것은 단순한 문제의 해결이 아니라 문제의 의미이고, 그 가운데 계시는 하나님의 임재를 경험하는 것입니다. 따라서 우리는 단순하게 '구한 대로 된 것'만을 기도의 응답이라고 말하지 않고 '하나님의 선하심을 신뢰할 수 있게 된 것'을 기도의 응답이라고 이야기합니다.

하나님은 우리가 구하면 주십니다. 구한 것이 아니라 가장 좋은 것을 말이지요. 그리고 우리에게 가장 좋은 것은 우리를 위해 죽으신 예수 그리스도의 임재와 그분과의 동행입니다.

○
힘들고 억울해도 우리를 보고 계시는
선하신 하나님의 시선을 놓치지 않기 위해서 계속해서 기도할 것입니다.

따라 읽는 기도_진정한 응답

우리가 구하기 전부터 우리에게 필요한 것을 아시는 주님!
우리는 주님으로부터 오는 약간의 도우심으로 스스로 잘 살
아 내기보다는 한계와 필요를 통해 주님을 경험하며 주님과
동행하기를 원합니다. 무엇이든지 구하라고 하신 주님의 말
씀이 감사합니다. 가장 좋은 것을 주겠다고 하신 주님의 약속
이 감사합니다. 세상에서의 편안함이 아니라, 주님과의 동행
이 가장 좋은 것이 될 수 있도록 우리의 믿음 없음을 도와주
옵소서.

나의 기도

2

어떻게 의심하지 않고
구할까요?

———

약 1:6

사람들은 기도가 응답되지 않는 이유 중 하나가 믿음이 부족해서라고 말합니다. 대부분의 사람들은 자신의 믿음이 부족하다는 것을 부인하지 않겠지만, 이때 '믿음'이란 무엇을 의미하는지 생각해 볼 필요가 있습니다. 믿음이 무엇일까요?

일상에서 믿음이라는 말을 사용할 때 이 말은 '지적인 동의'를 의미하기도 하고, '어떤 일에 대한 확신'을 뜻하기도 합니다. 그러니까 하나님을 신뢰하는 것과 상관없이, 긍정적인 사고로 반드시 된다고 확신할 때도 "믿음이 좋다", 혹은 "믿음이 강하다"라고 말하고, "예수님의 동정녀 탄생을 믿는다", "외계인이 있다고 믿는다"라는 말과 같이 어떤 주장에 대한 동의도 믿음이라고 부릅니다.

성경에서는 '믿음'의 반대말로 '불신'을 말하기도 하고, '행위'나 '보는 것'(히 11장), 또는 '의심'을 들기도 합니다. 특히 믿음이 확신을 의미하는 경우에 '확신'의 반대말은 '의심'입니다. 그러니까 이 경우에 "믿음이 좋다"는 말은 '어떤 일에 대한 강한 확신이 있다'는 말인데, 엄밀히 따지면 확신은 관점의 문제입니다. 어떤 관점에서 보는가에 따라 달라진다는 말이지요. 예를 들어 어느 목사가 교회를 사임하지 않는 것이 하나님의 뜻이라는 확신이 있다면 교회를 떠나지 않는 것이 좋은 믿음이겠지만, 교인들의 경우 그 목사가 사임하는 것이 하나님의 뜻이라는 확신이 있다면 그 목사가 교회를 떠나는 것이 좋은 믿음일 것입니다.

믿음의 반대말로 '의심'을 강조하는 듯한 가장 대표적인 성경 구절이 있다면 이 장 본문인 야고보서 1장 6절이 아닐까 싶습니다. "오직 믿음으로 구하고 조금도 의심하지 말라 의심하는 자는 마치 바람에 밀려 요동하는 바다 물결 같으니"(약 1:6).

흔들릴 때 무엇을 구하는가

야고보 사도는 특히 고난 중에 있는 성도들을 염두에 두고 이 말을 한 듯합니다. 믿음을 흔드는 일들이 발생할 때 그리스도인들도 당황하게 됩니다. 왜 고난을 당할까요? 고난 중에는 어떻게 행하는 것이 마땅할까요? 어느 때는 너무 억울하다는 생각이 들고, 또 어느 때는 화가 나기도 합니다. 자신 없고 불안합니다. 어떻게 해야 하지요?

그들에게 야고보 사도는 "지혜를 구하라"라고 말합니다(약 1:5). 하나님의 뜻을 헤아리기 위한 지혜이겠지요. 고난을 주신 하나님의 의도는 인내를 통해 온전하고 구비하여 조금도 부족함이 없게 하시려는 것이지만, 그 일에 지혜가 부족하거든 모든 사람에게 후히 주시고 꾸짖지 않으시는 하나님께 구하면 하나님이 주신다고 야고보 사도는 말했습니다. 그렇다면 하나님이 무엇을 주신다는 말일까요? 지혜입니다. 그러니까 이 말씀에서는 우리가 무엇을 구해야 하는지가 이미 결정되어 있습니다.

선하심을 믿는 믿음으로

야고보 사도는 지혜를 구할 때 조금도 의심하지 말고 오직 믿음으로 구하라고 말합니다(약 1:6). 6절 말씀을 5절에서 분리해 생각하면, "구하라"라는 말씀을 '고난 가운데 우리에게 필요한 것들을 구하라'라는 의미로 볼 수도 있습니다. 또한 그렇게 구할 때 의심하지 말고 믿음으로 구하라고 할 때 믿음은 '구한 것을 주신다'는 확신으로 볼 수도 있습니다. 하지만 이 문맥에서는 고난 중에 있을 때 지혜가 부족하거든 지혜를 구하라고 하면서 조금도 의심하지 말라고 합니다. "의심하는 자는 마치 바람에 밀려 요동하는 바다 물결 같으니 이런 사람은 무엇이든지 주께 얻기를 생각하지 말라 두 마음을 품어 모든 일에 정함이 없는 자로다"(약 1:6-8).

그렇다면 무엇을 의심하지 말라는 것일까요? 무엇이든지 구한 것은 반드시 주신다는 확신을 가리키는 것일까요? 만일 그렇게 생각한다면 믿음은 '분산되지 않는 마음의 확신', '통일된 마음의 상태'를 가리킵니다. 꽤 많은 경우에 "믿음이 강하다"는 말은 이런 의미이기에 '반드시 주실 것이라는 확신', '반드시 할 수 있다는 자신감'을 뜻합니다. 하지만 야고보 사도가 의심하지 말라고 한 것은 분산되지 않는 마음 상태를 가리킨다고 보기 어렵습니다.

그는 바로 이어서 하나님은 우리를 친히 시험하는 분도 아니시고 시험을 받는 분도 아니시라고 말했습니다(약 1:13). 비록 사람들은 자기 욕심에 의해서 시험에 들기도 하지만, 하나님은 그런 의도에서 시험하시는 일은 없다는 의미일 것입니다. 또한 그는 하나님은 우리에게 좋은 것을 주시는 분이고 회전하는 그림자(해시계처럼 해가 움직이는 대로 변하는 그림자)도 없는 한결같은 분이시니(약 1:17) 상황과 환경이 달라진다고 해서 그것들에 속지 말라고 했습니다.

그러니까 여기서 야고보 사도가 의심하지 말라고 한

것은 '하나님의 선하심'입니다. 또한 믿음으로 구하라고
한 것도 '하나님의 선하심을 믿는 믿음으로 구하라'는 것
입니다. 이 믿음은 나의 마음 상태가 아니라, 변함없고 확
실한 하나님의 선하심에 대한 신뢰입니다. 고난 중에 있
을 때 하나님의 선하심을 의심하기 시작하면 정말 견딜
수가 없습니다. 하나님의 선하심을 붙들지 않고 상황을
보기 시작하면 모든 것이 너무 혼란스러워집니다.

믿고 싶지만
고난은 감당하기 어렵다

우리는 언제나 하나님을 신뢰하는 믿음으로 살기를 원하
지만, 정작 고난을 당하면 너무 당황스럽습니다. 무엇을
해야 할지도 모르겠고, 특히 왜 고난이 유익한지도 알 수
가 없습니다. 그렇게 답답한 상황에서 기도를 하지만 기
도조차도 때로는 신경안정제처럼 (이미 내성이 생겨 별로 효과가
없어) 잠시만 마음에 평안을 줄 뿐 순간순간 밀려오는 두
려움과 억울함을 이겨 내기가 어렵습니다. 그럴 때 야고
보 사도는 하나님께 지혜를 구하며 기도하라고 말합니다.

지혜를 구하라는 말은 약함을 인정하라는 말입니다. 무엇을 해야 할지, 어떻게 해야 할지에 대해 하나님을 의지하고 매달리라는 말입니다. 그럴 때 절대로 흔들리지 말아야 하는 것은 우리의 기도를 들으시고 우리를 사랑하시는 하나님의 사랑에 대한 확신입니다. 그 확신이 흔들리면 우리가 설 땅이 없습니다. 다시 일어설 근거도 없습니다. 하나님은 그분의 자녀들에게 좋은 아버지이십니다. 구하는 자에게 가장 좋은 것을 주기 원하시는 아버지입니다. 비록 고난 앞에 당황할지라도 우리는 하나님의 자녀입니다. 그 사실을 잊으면 안 됩니다.

십자가를 바라보자

우리가 당하는 고난이 설령 죄로 인한 하나님의 징계라 할지라도 하나님의 의도는 항상 우리를 위한 것입니다. 바울 사도는 고난 중에 있는 성도들에게 하나님이 그 아들을 우리에게 주심으로 하나님의 사랑을 확증하셨다고 말했습니다(롬 5:8).

우리는 너무 아파서 견딜 수 없을 때에도 하나님이 우

리를 사랑하심을 압니다. 다른 사람들에 비해 너무 초라한 자신의 모습에 위축될 때에도, 우리의 죄로 인해 하나님 앞에 입을 열어 기도할 용기조차 없는 때에도 하나님이 우리를 사랑하심을 압니다. 그냥 하나님은 그런 분이시기 때문이 아닙니다. 하나님이 그렇게 우리를 사랑하기 위해서 당신의 독생자를 십자가에 내어 주셨기 때문입니다.

이런 이유로 바울은 로마서에서 고난 중에 있는 성도들을 위로하면서 말하기를, "자기 아들을 아끼지 아니하시고 우리 모든 사람을 위하여 내주신 이가 어찌 그 아들과 함께 모든 것을 우리에게 주시지 아니하겠느냐"(롬 8:32)라고 했습니다. 그러니까 하나님이 우리가 구하는 것을 다 주신다는 말이 아니라, 우리를 끝까지 사랑하시고 함께하신다는 뜻입니다. 우리가 원하는 것을 다 주신다는 말보다 이 말이 더 큰 위로가 된다면 좋겠습니다.

히브리서 기자도 극심한 핍박과 어려움 가운데 배교를 생각할 만큼 혼란스러워하던 성도들에게 "믿음의 주요 또 온전하게 하시는 이인 예수를 바라보자"(히 12:2)라고 했습니다.

의심을 놓고 사랑으로

우리는 고난 중에 기도해야 합니다. 정말 간절하게 하나님의 도우심을 구해야 합니다. 그렇게 기도할 때 절대로 의심하지 말고 오직 믿음으로 기도해야 합니다. 우리가 구한 것을 반드시 주신다는 확신이 아니라, 전능하신 하나님은 선하셔서 우리를 결코 포기하지 않으시고 놓지 않으신다는 확신으로 기도해야 합니다. 우리가 기도한 대로 될 것이라는 확신이 아니라, 우리의 기도 중 하나도 땅에 떨어지는 것 없이 모두 다 하나님이 듣고 계시고 눈동자처럼 우리를 살피시며 끝까지 함께하신다는 확신으로 기도해야 합니다.

　아무리 힘들어도 의심하면 안 됩니다. 자신의 삶이 아무리 초라해 보여도 포기하면 안 됩니다. 하나님이 사랑하십니다. 하나님이 함께하십니다. 꼭 하나님의 선한 계획을 이루어 가실 것입니다. 그러기 위해 우리는 하나님의 사랑의 확증이신 예수 그리스도를 바라보아야 합니다.

따라 읽는 기도_믿음

우리와 동행하시는 주님!

어려운 일을 만날 때마다 우리는 흔들립니다. 혹시 잘못한 것이 있어 주님이 노여워하실까 두렵고, 홀로 그 길을 가야 할까 겁이 납니다. 초연하고 싶은데 우리의 마음은 의심, 분노, 두려움으로 심하게 요동칩니다. 우리가 의지할 수 있는 것은 흔들리지 않는 우리의 믿음이 아니라, 흔들리지 않는 주님의 신실하심임을 알고 주님만 바라볼 수 있는 믿음을 주소서.

나의 기도

_____

_____

_____

_____

_____

3

독촉하듯 강청하면
주실까요?

눅 18:1-8

기도 생활을 하다 보면 우리의 기도가 너무 무례한 것은 아닌가 싶은 생각이 들 때가 있습니다. 물론 사람들 사이에서도 상황이 절박하면 실례를 무릅쓰고라도 찾아갈 때가 있고, 어쩔 수 없는 경우에는 무례한 줄 알면서도 마치 떼를 쓰듯이 달라고 하게도 됩니다. 이는 어찌할 수 없는 절박함의 결과이겠지만, 과연 하나님 앞에 이처럼 무례하게 기도해도 될까 싶어 망설이게 되곤 합니다.

제가 청년 때 기도를 강조하던 목사님들은 "당신에게 자녀가 둘이 있다면, 자기의 필요를 말하지 않는 자녀보다는 자꾸 조르는 자녀의 원함을 더 잘 들어주지 않겠습니까"라고 말하곤 했습니다. 그때마다 저는 마음이 불편했습니다. 장남인 저는 학교에서 등록금을 납부하라는 재촉을 받아도 부모님께 죄송해서 차마 말씀을 드리지 못했습니다. 선생님께 몇 번을 혼나고 나서야 마지못해 정말 죄송한 마음으로 부모님께 말씀을 드렸는데, 그때마다 부모님은 이미 다 아시고 등록금을 준비해 주셨습니다. 그러면 저는 또 부모님께 등록금을 내야 한다고 말씀드린 것이 너무 후회가 되었습니다. 하나님은 기도를 많이 하는 사람의 기도를 들어주시는 분이 아니라, 기도를 많이 하지 않아도 필요와 때에 따라 기도를 들어주시는 분이겠다 싶기도 합니다.

요즘 저는 나이가 들면서 전보다 많이 조급해진 저 자신을 발견하게 됩니다. 이제는 불안해서 기다리지 못합니다. 며칠만 기다리면 될 일도 빚 독촉을 하듯이 자꾸 연락을 하고 부탁을 합니다. 그러고는 늘 후회합니다. 하나님과의 관계가 인격적인 관계라고 한다면, 마음이 급해 너무 재촉하는 것은 혹 불신의 모습, 무례한 모습은 아닐까요.

귀찮게 굴면 들어주실까

주님은 누가복음 18장의 "불의한 재판장의 비유"를 통해 기도하다가 낙심하지 말 것에 관해 말씀하셨습니다. 많은 사람이 이 비유를 "강청 기도의 비유"라고 부르기도 합니다. 정말로 이 비유가 주는 교훈이 "하나님은 강청하면 들어주신다"일까요? 저는 아니라고 생각합니다.

주님의 비유에 따르면, 어떤 도시에 불의한 재판장이 있었습니다. 주님은 그가 불의하다는 것을 강조하셨습니다. 또한 그 도시에는 원한이 있는 불쌍한 과부도 살고 있었습니다. 과부는 너무 억울하고 힘든 일이 있어서 재판장을 찾아가 자기의 원한을 풀어 달라고 간청했습니다.

하지만 재판장은 과부의 간청을 들어주지 않았습니다. 너무 바쁘거나 소통이 되지 않아서가 아니라 불의한 자였기 때문입니다. 주님은 그가 "하나님을 두려워하지 않고 사람을 무시하는"(눅 18:2) 재판장이라고 말씀하셨습니다. 그런데도 과부는 끈질기게 재판장을 찾아가 억울함을 호소했습니다.

얼마의 시간이 지난 후 재판장은 혼자 속으로 생각했습니다. "내가 하나님을 두려워하지 않고 사람을 무시하나 이 과부가 나를 번거롭게 하니 내가 그 원한을 풀어 주리라 그렇지 않으면 늘 와서 나를 괴롭게 하리라"(눅 18:4-5). 귀찮아서 과부의 청을 들어주기로 한 것입니다. 재판장은 자신에게 주어진 마땅한 임무에 충실하지 않았고 백성을 불쌍히 여기는 마음도 없었습니다. 지극히 이기적인 생각으로, 과부가 자기를 귀찮게 하는 것이 싫어서 그 원한을 풀어 주기로 한 것입니다. 그는 악한 재판장입니다.

그런데 주님이 이 비유의 결론으로 하신 말씀이 난해합니다. "하물며 하나님께서 그 밤낮 부르짖는 택하신 자들의 원한을 풀어 주지 아니하시겠느냐 그들에게 오래 참으시겠느냐"(눅 18:7). 만일 이 말씀을 주님이 재판장과 하나님을 비교해서, "재판장이 원한을 들어준 것같이 하나님도 원한을 들어주실 것이다"라는 의미로 본다면, 다시 말해서 "강청하면 재판장도 들어주는데 하나님이 우리가 강청하면 듣지 않으시겠느냐"는 의미로 본다면 하나님은 악한 재판장보다 더 불의해지십니다. 우리는 아무리 강청해도 하나님이 안 들어주시는 것 같으니까요. 아니, 필요가 아닌 강청에 의해 기도가 응답된다면 그것은 의로워 보이지 않으니까요.

이 비유는 비교가 아닌 대조입니다. 그러니까 '악한 재판장처럼'이 아니라, '악한 재판장과는 달리'가 비유의 핵심입니다. 악한 재판장은 과부가 자꾸 찾아오니까 귀찮아서 청을 들어주었습니다. 그러나 우리 하나님은 억울한 사람의 신음조차 기억하시는 분입니다. 하나님은 자꾸 찾아오는 사람에게 관심을 가지시는 분이 아니라, 고난당하는 자에게 관심 있는 분이십니다.

낙심치 않고 기도하는 이유

주님은 본문에 앞서 누가복음 17장에서 대환란에 관해 말씀하셨습니다. 재앙과 고난이 임박하고 순교자들이 발생하는 상황에서 우리가 항상 기도하고 낙심하지 말아야 하는 이유로 이 비유를 말씀하신 것입니다.

기도가 하나님의 시간을 단축시키지는 않겠지만, 하나님은 하나님의 정하신 때에 계획을 이루심에 있어 그분의 시선에서 우리를 놓치지 않으십니다. 하나님은 우리가 낙심하지 않고 하나님의 약속을 믿고 견뎌 내기를 원하십니다. 그렇기에 하나님의 때까지 낙심하지 않고 기다릴 수 있도록 의인들이 하나님께 기도하기를 원하시고, 기도를 통해 그들을 만나 주시고 그들에게 힘을 주십니다.

우리는 환난 중에 낙심하지 않습니다. 우리가 낙심하지 않고 기도하는 이유는 열심히 기도하면 하나님이 귀찮아서 들어주시기 때문이 아니라, 고난 중에도 우리를 향한 하나님의 마음을 확인할 수 있기 때문입니다. 적어도 본문의 비유는 이 사실을 강조합니다. 어렵고 힘든 상황이지만 역사를 주관하시는 주권자 하나님은 우리의 기도를 들으셨고 모든 상황을 보셨고 다 알고 계십니다.

기도는 하나님의 계획을 변경시키지 않습니다(비록 기도를 통해서 하나님의 계획이 변경된 것처럼 그분이 우리의 기도에 반응하시는 경우라 할지라도). 만일 기도를 통해 하나님이 계획을 변경하신다면 우리는 어떤 확신도 갖고 살 수 없을 것입니다. 그 말은 우리의 지혜가 하나님의 지혜보다 더 낫다는 의미일 수도 있으니까요.

사실 우리에게 더 큰 충격은 하나님이 우리의 기도대로 행하지 않으신다는 것보다는 우리가 기도하지 않았는데도 하나님이 선하게 인도하신다는 것입니다. 돌아보면 기도했음에도 이루어지지 않은 일들에 대한 실망보다는 기도하지 않았는데도 이루어진 일들로 인한 감동이 더 크다는 것을 인정하지 않을 수 없습니다.

기도의 궁극적인 목적은 고난을 제거하거나 고난의 시간을 단축하기 위해서가 아니라, 고난 중에도 하나님과 동행하며 하나님의 임재를 누리기 위해서입니다. 그렇다면 우리는 결코 기도를 멈출 수 없습니다.

억울한 일을 만났을 때 정말 힘든 경우는 그 상황을 본 사람이 아무도 없거나 그 누구도 내 말을 믿어 주지 않을 때입니다.

존과 사라가 할아버지, 할머니 댁에 놀러 갔습니다. 할아버지가 존에게 새총을 만들어 주었습니다. 존은 너무 좋아서 새총을 쏘며 놀다가 그만 집에서 키우는 거위를 죽였습니다. 존은 '아무도 본 사람이 없겠지?' 하고는 숲에 가서 죽은 거위를 땅에 묻었습니다. 그런데 숲에서 나오다가 사라를 보았습니다. 존은 불안했습니다. 죽은 거위에 대한 생각보다는 자기가 거위를 땅에 묻는 모습을 사라가 보았을지가 더 궁금했습니다.

저녁에 할머니가 "오늘 저녁 설거지는 누가 해 줄래?"라고 물었습니다. 그러자 사라가 대답했습니다. "할머니, 오늘 설거지는 존이 한대요." 그러고는 존에게 다가가 귓속말을 했습니다. "거위를 잊지 마." 사라가 본 것입니다!

악인들은 자기가 한 나쁜 일을 아무도 모른다고 생각하기 때문에, 나중에 계산할 것이 없다고 생각하기 때문에 사람들을 속이고 괴롭히고 착취합니다. 하지만 만일 전능한 재판장이신 하나님이 그 모습을 다 보고 계셨다고 생각해 보십시오. 그것은 그 자체로 이미 공포입니다.

억울한 사정에 있어서도 마찬가지입니다. 선하고 전능한 재판장이신 하나님이 다 보셨고 들으셨고 알고 계시다면, 그분이 당장 원한을 풀어 주지 않으신다고 해서 낙망하여 희망과 기대를 저버릴 수 없습니다. 오히려 희망을 가지고 기다릴 수 있습니다. 상황이 점점 더 열악해진다 해도 포기하지 않을 수 있습니다. 하나님의 선하심과 전능하심을 믿고, 하나님이 다 알고 계신다는 확신이 있다면 말입니다.

불의한 재판장 비유는 "하나님은 우리의 억울함을 다 들으셨고 알고 계신다"는 것을 확인시켜 주는 비유입니다. 그리고 이것이 바로 우리가 낙심하지 말고 기도를 계속해야 하는 이유입니다.

저는 이 비유의 제목을 "강청 기도"라고 붙인 점이 아쉽습니다. 아니, 사실은 강청함을 일종의 인간적 공적으로 만들어서 하나님을 불의한 재판장보다 더 무정하신 분으로 인식하게 만든 점이 아쉽습니다.

하나님은 우리의 절실함과 상관없이 귀찮게 하는 사람의 기도를 더 잘 들어주시는 분이 아닙니다. 물론 무례할 만큼의 귀찮게 함은 절실함을 의미할 수 있어서 이해가 안 되는 것은 아닙니다. 하지만 그럼에도 이 비유는 '강청하는 인간의 노력'이 아닌 '기도를 놓치지 않으시는 하나님의 선하심과 전능하심'을 강조합니다.

우리는 힘들고 억울해도 우리를 보고 계시는 선하신 하나님의 시선을 놓치지 않기 위해서 계속해서 기도할 것입니다. 절실히 기다리는 소식이 있어서 하루에도 몇 번씩 이메일함을 열어 보는 심정으로 말이지요. 하나님의 약속을 분명히 믿기에, 그 약속을 하신 하나님의 신실하심을 믿기에 우리는 기도를 멈추지 않을 것입니다.

○
기도의 궁극적인 목적은 고난을 제거하거나 고난의 시간을 단축하기 위해서가 아니라, 고난 중에도 하나님과 동행하며 그분의 임재를 누리기 위해서입니다.

따라 읽는 기도_기다림

우리의 모든 사정과 형편을 아시는 주님,
하나님의 약속을 믿기에 어떤 상황에서도 초연한 마음으로
그 약속을 기다리고 싶습니다. 그런데 너무 불안하고 초조해
서 가만히 기다릴 수가 없습니다. 이런 우리의 연약함을 아시
고 낙심하지 말고 기도하라고 말씀하신 주님! 어제처럼 오늘
도 기도하오니 우리를 불쌍히 여겨 주시고 우리의 기도에 속
히 응답해 주소서!

나의 기도

_____

_____

_____

_____

_____

4

염려 않고 기도하는 게
가능한가요?

———

빌 4:4-7

목회를 하면서 많이 사용했던 말 중 하나가 "염려하지 말라"입니다. 대체로는 위로의 의미로 사용했지만, 그 말에 힘이 없다는 생각을 종종 했습니다. 염려가 외적인 문제로 인해 발생하는 마음의 상태를 가리킨다면, 문제가 해결되지 않는 한 염려가 사라지지는 않을 테니까요. 마음을 다스려 평온함을 유지하는 것이 제가 이해하는 신앙의 목적이 아니기도 하고요.

교회에 나온 지 얼마 안 된 분이 실직을 했습니다. 겨우 마음 잡고 교회를 다니기 시작한 분이 교회를 다니자마자 어려운 일을 당해 신앙생활 자체에 회의를 느낄까봐 마음 한구석에 걱정이 되었습니다. 심방을 가서 이런저런 이야기를 들으면서 "너무 염려하지 마세요. 하나님이 선하게 인도하실 것입니다. 저도 기도하겠습니다"라고 말했습니다. 그분은 굉장히 고마워하면서 "빈말이라도 고맙습니다"라고 답했습니다. 가장 정직한 표현이었겠다 싶습니다.

"염려하지 말라"는 말은 빈말처럼 힘이 없습니다. 때로 교인들은 '믿음이 있으면 어떤 시련이 와도 염려하지 말아야 한다'는 강박을 가지고 있습니다. 염려하는 것은 믿음이 부족하다는 증거라도 되는 듯이 불필요한(?) 죄책감에 힘들어하기도 합니다.

염려는 마치 화재 경보기와 같습니다. 집 안에서 무언가가 타거나 연기가 나면 당연히 화재 경보기가 울려야 합니다. 연기가 나는데도 화재 경보기가 울리지 않는다면 위험합니다. 뜨거운 물체를 만질 때, 신경이 살아 있어 통증을 느껴야 화상을 입지 않듯이, 주변에 문제가 발생하면 신경을 자극해서 걱정이 되어야 대책을 세우고 더 큰 위험을 방지할 수 있습니다. 자녀가 아프면 염려가 되고, 교회가 시끄러우면 불안해서 잠이 안 오고, 전쟁의 소문이 있으면 마음이 아파야 합니다.

물론 염려의 정도에 차이가 있기는 하겠지만, 그것이 언제나 믿음에 비례하지는 않습니다. 염려하지 않음은 믿음의 증거가 아니라, 무책임한 삶의 자세를 가리킬 수도 있으니까요.

마음을 다스리는 기도?

"아무것도 염려하지 말고 다만 모든 일에 기도와 간구로, 너희 구할 것을 감사함으로 하나님께 아뢰라"(빌 4:6)라는 말씀 때문에, 아마도 사람들은 염려를 불신앙의 행위로 보는지도 모르겠습니다. 하지만 바울의 말은 '염려'와 '기도'를 대조해서, '염려 대신에 기도를 해야 한다'는 의미라고 보기 어렵습니다. 그러니까 기도는 염려를 대신하는 것이 아니라, 염려할 수밖에 없는 상황을 전제하는 것입니다. 마치 염려가 문제의 상황에 대한 반응인 것처럼, 기도도 문제의 상황에 대한 반응입니다.

따라서 기도의 목적은 염려하는 불안한 마음을 진정시키는 것이 아닙니다. 오히려 그런 상황에서 하나님을 바라보도록 하는 것입니다. 기도를 단지 마음을 진정시키는 수단으로 생각한다면, 어쩌면 술에 취해 잠이 드는 것도 한 방법일 수 있습니다(지나친 비약일 수 있겠지만).

아주 오래전에(휴대폰이 없을 때) 저를 학교 도서관에 두고 잠시 다녀오겠다고 하고 나간 아내가 몇 시간이 지나도 돌아오지 않았던 적이 있습니다. 처음에는 짜증이 났는데 한 시간이 지나니까 걱정되기 시작했습니다. 혹시 사고가 났나, 별의별 생각이 다 들었습니다. 두 시간이 지나면서는 저절로 기도가 나왔습니다. 정말 간절한 마음으로 집중해서 기도를 하고 나니까 마음이 진정되었습니다.

하지만 마음이 진정된 것은 잠깐이었습니다. 마치 내성

이 생긴 신경안정제처럼 기도할 때뿐이고, 기도를 마치고 조금만 지나면 또 불안한 마음이 찾아들었습니다. 하나님께 지켜 달라고 기도한 후에는 맡기고 잊으면 되는데, 기도하면서도 제 믿음이 부족했기 때문일까요? 저는 그때 기도한다고 염려가 사라지지는 않는다는 것을 경험했습니다. 물론 그런 경우도 있을 것입니다. 그런 사람도 있을 테고요. 저는 그렇지 않아도 괜찮다고 말하고 싶습니다. 기도의 목적은 마음 다스리기가 아니니까요(참고로 아내는 세 시간 후에 돌아왔고, 쇼핑을 하다 보면 그럴 수 있는 것 아니냐고 했습니다).

불안 너머
그리스도를 보려는 몸부림

눈앞에 문제가 생기면 문제만 보입니다. 문제가 보이면 자신의 한계가 보이고 거대한 세상이 보입니다. 그럴 때 기도해야 합니다. 기도는 하나님을 바라보는 행위입니다. 바울은 특히 하나님의 평강이 그리스도 예수 안에서 우리의 마음과 생각을 지키실 것이라고 말했습니다(빌 4:7).

이는 다 잘될 것이라는 막연한 희망이 아니라, 그리스

도를 통해서 확증하신 하나님의 사랑에 대한 확신입니다. 설령 문제들이 우리의 죄로 인한 것이라 할지라도 하나님은 우리를 버리지 않으신다는 확신이고, 세상의 물결이 아무리 거대하다 할지라도 하나님은 우리를 놓지 않으신다는 확신입니다. 흔들리기는 하지만 휩쓸려 가지는 않을 것이라는 확신입니다.

손가락 두 개면 세상을 가릴 수 있습니다. 어떻게 가능할까요? 손가락 두 개가 눈앞에 가까이 와서 시야를 가릴 때 가능합니다. 우리의 삶에서는 사소한 문제에서 큰 문제까지 계속해서 문제들이 튀어 오릅니다. 문제들이 눈앞에서 튀어 오르면 그 문제밖에는 아무것도 보이지 않습니다. 소망이 없어 보이고 망할 것 같습니다. 기도는 단지 마음을 다스리는 방법도 아니고 문제를 해결하는 방법도 아닙니다. 기도는 눈앞에 튀어 오른 손가락을 끌어내려 그 너머에 계신 하나님을 보려는 몸부림입니다. 문제가 여전히 눈앞에 있어서 불안하지만, 그 너머 그리스도를 보는 순간 힘이 생기고 길이 보입니다.

하나님이 우리에게 문제를 주신 뜻이 있다면 기도를 해도 문제는 사라지지 않습니다. 저는 평생을 장애인으로 살았습니다. 하나님이 제가 가진 장애를 통해서 하나님을 의지하도록 하신다면 아무리 기도해도 장애가 없어지지는 않습니다. 따라서 장애로 인한 불편과 그 불편으로 인한 우울함이 계속 눈앞에 튀어 올라 시야를 가립니다. 그럴 때마다 저는 기도합니다. 장애가 불편해서 장애가 사라지기를 원하기보다 기도를 통해서 그리스도를 바라봅니다. 그리스도를 통해 저를 향한 하나님의 뜻과 사랑을 확인합니다.

염려가 있으나 없으나

예수님은 "염려하여 이르기를 무엇을 먹을까 무엇을 마실까 무엇을 입을까 하지 말라"(마 6:31)라고 말씀하셨습니다. 이 말씀은 먹고 입는 문제를 가지고 염려하는 것은 세속적이라는 의미가 아닙니다. 의식주 문제에는 관심을 가지지 말고 초월한 듯 살라는 명령도 아닙니다. 주님은 그렇게 말씀하시면서 먼저 하나님의 나라와 그의 의를 구하라고 하셨습니다(마 6:33).

하나님의 나라와 그의 의를 구하라는 이 말씀을 저는 하나님의 주권을 구하라는 의미로 이해했습니다. 다시 말하면, 의식주 문제에 있어서도 하나님의 주 되심을 인정하라는 뜻입니다. 먹고 입는 문제에서는 내가 주인이고 종교적인 행위에서만 하나님이 주 되신 것이 아니라, 삶의 모든 영역에서 하나님이 주가 되심을 인정하라는 의미입니다.

같은 맥락에서 생각해 볼 때, 바울이 염려하지 말고 기도하라고 한 것은 염려 자체가 불신앙이라는 말이 아니라, 어려움이나 문제가 생겼을 때 하나님을 놓치지 말라는 뜻으로 보는 것이 마땅합니다. 염려하지 말라는 말은 따라서 명령이 아니라, 하나님의 사랑을 상기시키는 위로입니다. 염려하면 안 된다는 말이 아니라, 염려할 수밖에 없는 상황에서도 하나님은 함께하신다는 사실을 상기시키는 말입니다.

걱정거리가 없으니 하나님이 함께하시는 것이고 걱정거리가 있으니 하나님이 떠나신 것이 아닙니다. 하나님은 언제나 우리와 함께 계십니다. 염려할 수밖에 없는 상황에서 기도는 바로 이 사실을 확인하는 아름다운 특권입니다.

만일 이 말씀을 당시 빌립보 교회에서 있었던 분쟁 상황과 연관을 시킨다면(교회 안에 있었던 분쟁 상황을 언급하고 바로 이어서 나오는 말씀이기에 그렇게 볼 수도 있지만, 빌립보서의 특징을 볼 때 관련이 없는 문단이라고 볼 수도 있습니다), "염려하지 말라"는 말씀을 "관용을 보이라"는 말씀과 연결해서 생각해 볼 수도 있겠습니다(빌 4:5). 만일 그렇게 본다면, '기도를 통해서 그리스도의 주 되심을 인정할 때 우리를 불안하고 두렵게 만드는 상황을 뛰어넘어 다른 사람들에게 관용을 보일 수 있게 될 것'이라는 의미가 함축되어 있습니다.

우리에게는 그리스도가 주님이시라는 진실한 고백이 있지만, 여전히 남아 있는 자기중심성이 문제가 발생할 때마다 튀어 오릅니다. 우리가 억울해하고 분노하는 많은 경우는 우리 자신이 주인처럼 생각해서 자기 기득권에 위협을 받을 때입니다. 그러면 관용을 베풀게 되지 않습니다. 우리의 것을 지키려는 마음에 마냥 불안해지기도 합니다. 그 순간이 정말 기도가 필요한 때입니다.

만일 염려가 자신의 기득권이나 안전지대를 지키기 위해서 발생하는 자연적인 반응이라면, 그런 상황에서 기도의 시작은 분노와 억울함이더라도, 성령의 음성을 듣고 그 음성에 반응하려는 의지입니다. 기도는 궁극적으로 그리스도의 주 되심을 인정하는 행위이기 때문입니다.

모든 지각에 뛰어난 하나님의 평강이(우리 삶의 주인은 그리스도이시라는 고백으로 인한) 그리스도 예수 안에서 기도하는 사람들의 마음과 생각을 지켜 주심을 우리는 기도를 통해 경험하게 될 것입니다.

○
기도는 마음을 다스리는 방법도, 문제를 해결하는 방법도 아닙니다.
기도는 문제 너머에 계신 하나님을 바라보려는 몸부림입니다

따라 읽는 기도_바라봄

전지하신 주님!

인생이 우리가 살기에는 버겁습니다. 조금만 바람이 강하게 불고 큰 파도가 일어도 견딜 수 없이 불안합니다. 하나님이 우리와 함께하심을 알지만 파도가 순식간에 우리의 시야를 가립니다. 우리가 두려운 것은 문제가 생겨서가 아니라, 문제 때문에 주님이 보이지 않아서입니다. 우리가 힘들어 기도할 때 주님을 보여 주소서. 잠을 이룰 수 없을 만큼 고통스러울 때 끊임없이 밀려오는 파도 너머에서 저를 보시는 주님의 눈을 볼 수 있게 해 주소서.

나의 기도

5

내 기도가
하늘에서 소홀히 여겨지면
어쩌죠?

행 10:2, 4; 계 8:1-5

오래전 한국 교회에도 상당한 영향을 주었던 아르헨티나 복음주의자 후안 카를로스 오티즈(Juan Carlos Ortiz) 목사의 저서 중에 《우리의 기도의 대부분은 하늘나라에서 잡동사니 우편물처럼 취급당합니다》(도서출판 만나, 1998)라는 제목의 책이 있습니다. 특히 남미 기독교 교회들의 기도가 너무 기복적이었기 때문에 이를 경고한 내용이기는 한데, 당시 제목 자체가 섬뜩했던 기억이 납니다. 잡동사니 우편물이 어떤 취급을 받는지 너무 잘 알기 때문에 이 비유가 생생했었나 봅니다.

저는 잡동사니 우편물은 아예 뜯어 보지도 않습니다. 그렇다 보니 보내는 이 편에서는 제가 어떻게든지 읽어 보도록 하기 위해서 겉봉투에 자필로 "제발 버리지 말아 주십시오"라는 메시지나 "대단히 중요한 내용이 담겨 있습니다"라는 문구를 적어 놓기도 합니다. 하지만 제가 그런 우편물을 열어 보는 경우는 거의 없습니다. 그렇게 우편물을 보내는 이들의 상업적인 전략은 언젠가 삶의 상황과 관심이 바뀌면 읽어 볼지도 모른다는 확신으로 지치지 않고 보내는 것입니다.

그런데 그런 우편물은 정말 귀찮습니다. 아마도 그렇기 때문에 제 기도가 하늘에서 잡동사니 우편물 취급을 받지 않을까 싶어 두려웠는지 모르겠습니다. 사실 제가 하는 대부분의 기도가 하나님의 관심을 끌 만한 기도일까 생각해 보면 기도의 형식에 있어서도, 내용에 있어서도, 하나님 앞에서 저의 존재감에 있어서도 그리 중요하지 않겠다는 생각이 듭니다.

오티즈 목사는 세 번 이상 기도했는데도 응답이 안 된다면 천국 쓰레기통에 들어간 것이니, 하나님의 관심을 끌지 못했다고 생각하고 기도를 멈추라고 제안합니다. 물론 그 말의 의도가 기도에 나타난 지나친 욕망의 합리화나, 기도를 통해 하나님의 원함을 찾으려고 하기보다는 어떻게든 자기의 원함을 관철시키려는 모습을 비판하는 것이라는 점은 알겠습니다. 하지만 여전히 우리의 기도가 하늘에서 잡동사니 우편물 취급을 받을 수도 있다는 주장은 제 마음을 불편하게 만듭니다. 하나님이 우리의 원함대로 응답해 주지 않으시는 기도는 많더라도, 그렇다고 아예 듣지도 않으시는 기도는 없겠다 싶기 때문입니다.

어린 아기의 이유 없어 보이는 울음이라고 할지라도 부모의 마음은 그 아이의 울음에 무관심할 수 없습니다. 떼를 쓰면 야단을 칠지언정 무시하지는 않습니다. 철없어 보이는 기도라 할지라도 하나님이 관심을 보이지도 않으시고 듣지도 않으실 것이라고는 생각할 수 없습니다.

간절한 기도가
하늘에 상달되려면

요한계시록 8장을 보면, 어린양 예수님이 일곱째 인을 떼실 때에 한 천사가 제단 곁에 서서 많은 향이 든 금향로를 가지고 제단에 드리려고 합니다. 그때 금향로에 성도들의 기도가 담겨서 향과 함께 하나님께 전달됩니다. 천사가 그 향로에 제단의 불을 담아 땅에 쏟자 천사들이 나팔을 불 준비를 하고, 차례로 나팔을 불 때마다 재앙이 임합니다. 해석의 차이는 있지만, 이 이미지는 고난과 핍박 중에 성도들이 드린 기도가 하늘에 상달되어 마침내 하나님의 주권적인 심판이 임하게 되는 것을 보여 줍니다. 금향로에 기도가 담겨서 하나님께 전달된다면, 이 향로에 기도가 차기까지 기다려야 합니다.

이 말씀을 요한계시록 6장과 연결시켜 생각해 보겠습니다. 복음과 믿음 때문에 죽임을 당한 사람들의 영혼들이 제단 아래에서 큰 소리로 "땅에 거하는 자들을 심판하여 우리 피를 갚아 주지 아니하시기를 어느 때까지 하시려 하나이까"(계 6:10) 하고 절규합니다. 그때 그들은 하늘에서 "아직 잠시 동안 쉬되 그들의 동무 종들과 형제들도 자기처럼 죽임을 당하여 그 수가 차기까지 하라"(계 6:11)라는 음성을 듣습니다.

그래서 하나님을 향한 우리의 간절한 기도가 하늘에 상달되려면 바른 기도라 할지라도 기도의 수가 차기까지 기다려야 한다고 말하기도 합니다. 그러나 '기도가 차기까지', 혹은 '순교자의 수가 차기까지'라는 말은 '하나님의 때가 이르기까지'라는 의미로 이해해야지 숫자의 채움으로 이해하면 하나님의 계획이 우리의 노력과 의지에 의존한다는 뜻이 될 수 있습니다.

우리가 열심히 기도해서 기도의 향로가 채워지면 하늘에 상달될 것이고, 기도를 많이 하지 않아서 기도의 향로가 차지 않으면 하늘에 상달되지 않을 것이라는 생각은 '지성이면 감천'이라는 세계관에는 익숙하겠지만, 기도에 관한 성경적인 가르침이라고 보기는 어렵습니다. 하나님은 우리가 하는 기도의 숫자에 관심이 있는 분이 아니시기 때문입니다. 하나님은 우리가 똑같은 우편물을 자꾸 보낸다고 해서 관심이 없던 우편물에 관심을 가지시게 되는 것도 아니고, 몇 번 보냈는가를 헤아려 보시고 많이 보낸 우편물만 열어 보시는 것도 아닙니다.

순교자들과 이 땅에서 고난을 당하는 성도들은 언제 하나님의 나라가 임하는가를 고대하며 살지만, 하나님은 정하신 때에 반드시 그 약속을 이루십니다. 하나님의 때는 우리의 노력과 행동에 의존하지 않습니다. 하나님은 우리의 기도를 통해 일하기를 기뻐하시지만, 우리가 기도하지 않으면 하나님이 일하지 않으시는 것이 아닙니다.

"온 세상에 복음이 전파된 후에 다시 오겠다"라고 주님이 말씀하셨지만, 그 말씀의 의미는 우리가 전도하지 않으면 주님이 오고 싶어도 못 오신다는 의미로 이해할 수 없습니다. 핍박이 심하고 교회가 고난 중에 사라질 것 같지만 하나님은 신실하게 그 약속을 지키실 것이니 우리는 이 땅에서 우리가 해야 할 일을 하면 된다는 것이 이 말씀의 의미입니다. 언제 어떻게 하면 주님이 오시는가에 관한 말씀이 아니라, "주님은 반드시 오신다"는 약속에 관한 말씀이니까요.

이미지나 비유는 그것이 의미하는 바가 무엇인가를 찾는 것이 중요하지, 자칫 이미지와 비유의 여러 면들을 신학화하려는 것은 위험합니다. 가령 "부자와 나사로의 비유"는 거지 나사로도 괜찮다고 말할 수 있고 부자도 위험하다고 말할 수 있는, 즉 생명의 가치를 강조한 이야기입니다. 그런데 천국과 지옥 사이에 구덩이가 있다거나, 천국과 지옥에서 서로 말을 할 수 있다거나, 천국에 가면 일단은 아브라함의 품에 안긴다고 말한다면 그것은 비유의 의도가 아닙니다.

기도의 금향로도 마찬가지입니다. 기도가 일단은 향로에 담겨서 나중에 천국에 올라간다거나, 향로가 채워져야 천사가 향로를 이동한다는 의미로 이해해서는 안 될 것입니다. 그것은 기도에 관한 성경 전체의 가르침과 맞지 않습니다. 이 이미지는 하나님이 심판하시고 역사하시는 때가 있음을 보여 줄 뿐이고, 그때가 이르기까지 성도들은 낙심하지 말고 기도해야 한다고 가르쳐 줄 뿐입니다.

하나님이 우리가 드리는 모든 기도를 통해서 일하셔야 할 의무가 있는 것은 아니지만, 우리의 어떤 기도도 하늘에서 잡동사니 우편물 취급을 받지 않습니다. 그렇다면 일반적으로 사용하는 말인 '상달된다'의 이미지도 기도의 형식과 내용에 의해 전달 과정에서 지체될 수 있음을 가리키는 뜻으로 이해해서는 안 될 것입니다. '상달된다'는 단어의 사전적 의미처럼 '기억됨으로 올려진다'는 것보다는 '하나님이 들으신다'는 관계적인 것을 강조합니다.

예수님의 이름으로 드리면
어떤 기도든 상달된다

사도행전 10장에 나오는 고넬료의 기도도 같은 맥락에서 이해할 수 있습니다. 고넬료의 사건에 '상달된다'('기억됨으로 올려진다'는 의미)라는 단어가 나오기 때문입니다. 고넬료의 사건은 사도행전에서 성령이 임하심으로 예루살렘과 온 유대와 사마리아와 땅끝까지 교회가 세워지게 될 것이라고 하신 주님의 약속(행 1:8)이 성취되는 과정을 보여 줍니다.

고넬료는 이방인이었지만 여호와 하나님을 경외하며 하나님 앞에서 살았습니다. 그래서 유대인들처럼 정해진 시간에 기도했던 것 같습니다. 그때 환상 중에 천사가 나타나서 말했습니다. "네 기도와 구제가 하나님 앞에 상달되어 기억하신 바가 되었으니"(행 10:4). 기도와 구제는 금식과 아울러 유대인들의 하나님을 향한 경건 행위로 여겨지고 있었기 때문에, 고넬료의 경건함을 드디어 하나님이 보셨다는 의미로 이해할 수 있습니다.

그런데 이 이미지를 연상하다 보면, 자칫 하나님은 고넬료를 잘 모르셨는데 그가 워낙 경건했기 때문에 이방인임에도 눈여겨보기 시작하신 모습으로 비칠 수 있습니다. 하지만 고넬료의 오랜 기도와 구제가 마침내 하나님의 눈에 띄었다는 의미로 보는 것은 무리가 있습니다. 그보다는 하나님의 때가 이르렀을 때 기도하던 고넬료를 통해 하나님이 계획하신 일을 시작하셨다고 보는 것이 자연스럽습니다. 이방인의 기도라 할지라도 진심으로 기도하는 사람들의 기도를 하나님은 소홀히 여기지 않으시기 때문입니다.

하나님은 단지 의롭게 사는 사람들의 기도만 기억하시는 것이 아니라, 부족하고 연약해서 늘 넘어지고 기도 시간조차 제대로 지키지 못하는 사람들이 간절함으로 올려드리는 기도도 기억하십니다. 하늘에 상달될 만한 기도가 있거나, 늘 기도를 하늘에 올릴 수 있는 자격이 있는 사람들이 따로 있는 것이 아닙니다. 예수 그리스도가 드리신 순종이라는 은혜에 의지해서 그분의 이름으로 기도하는 사람들의 기도는 모두 즉각적으로 하늘에 상달됩니다.

다만 하나님이 하나님의 때에 가장 좋은 길로 기도를 응답하심으로 지체될 뿐이지, 기도가 미흡하고 숫자가 차지 않아서 잡동사니 우편물 취급을 받는 것이 아닙니다. 우리는 예수 그리스도의 이름으로, 즉 그리스도의 은혜에 의지해서 무엇이든지 하나님께 구할 수 있고, 하나님은 우리의 모든 기도를 들으시고 기억하십니다.

○
예수님의 이름으로 드리면 어떤 기도든지 모두 하늘에 상달됩니다.
하나님은 우리의 모든 기도를 놓치지 않으십니다.

따라 읽는 기도_확신함

숨소리도 놓치지 않으시는 주님!

우리는 기도를 하면서 때로는 우리의 기도가 너무 사소하고 사적이며, 심지어 정욕적이지는 않나 싶어 고민합니다. 그러나 이유 없이 보채는 어린 아기의 울음이라 할지라도 놓치지 않는 부모처럼 우리의 모든 기도를 들으심에 감사합니다. 우리의 기도가 거친 호흡을 내뱉는 것 같고, 칭얼거림으로 약간의 불순물이 섞인 듯해도 그 모든 기도를 놓치지 않으시는 주님! 그 어떤 기도도 땅에 떨어지지 않음을 믿음으로 모든 상황에서 기도를 멈추지 않도록 도와주소서.

나의 기도

6

고난 중에
무엇을 기도해야 할까요?

엡 3:14-19

목회를 할 때 단기 선교팀을 파송하면서 기도를 했는데, 그때마다 어떤 기도가 마땅할까 고민했습니다. 마음으로는 어려움이나 고생 없이 편하게 잘 다녀왔으면 싶지만, 단지 어려움이나 고생 없이 선교를 다녀오는 것은 동참한 분들이 궁극적으로 원하는 바는 아니겠다 싶었습니다. 편하고자 한다면 굳이 그런 고생을 자초하지는 않았을 것 같았습니다.

그래서 저는 선교팀을 위해서 기도할 때마다 '어려움 없이', 혹은 '힘든 일을 만나지 말고'라는 말은 가급적 자제하고, "현지인들에게 유익을 주고 그리스도의 복음을 드러내도록 하시는 하나님의 부르심에 합당하게 고난 중에도 담대하게 해 주옵소서"라고 기도했습니다.

저의 딸 가족은 튀르키예에 선교사로 나가 있습니다. 특히 어린 두 손녀를 생각하면 그 아이들이 큰 어려움 없이 잘 지내면 좋겠습니다. 혹여라도 딸 가족이 아프고 피곤하다는 소식을 들으면 마음이 아픕니다. 그렇지만 힘들지 말고 잘 살게 해 달라는 기도보다는, 그 가족의 헌신이 헛되지 않도록 복음의 열매가 맺히게 해 달라는, 어렵다 해도 낙심하지 말고 끝까지 부르심에 합당하게 행하게 해 달라는 기도를 더 하게 됩니다. 핍박이 없으면 좋겠지만 핍박 중에도 복음의 증인으로서 부끄럽지 않게 사는 것이 그들의 기도 제목이겠다 싶기 때문입니다.

바울의 궁극적인 원함

바울도 같은 심정이었을까요? 이방인들을 위해 복음을 전하다가 감옥에 갇힌 바울은 에베소 성도들에게 자신이 받는 환난을 인해 낙심하지 말라고 간곡하게 당부했습니다. 바울은 그 이유가 이방인들의 영광 때문이라고 말했습니다. "너희를 위한 나의 여러 환난에 대하여 낙심하지 말라 이는 너희의 영광이니라"(엡 3:13).

저는 바울의 이 말이 재미있다고 생각했습니다. 비록 자신은 고난을 당하지만, 그 고난으로 인해 천국에서 누릴 영광과 상급이 있으니 괜찮다는 뜻이라면 바울은 "이는 나의 영광이니라"라고 말했을 것입니다. 하지만 그는 "너희의 영광"이라고 말했습니다. 바울의 고난을 통해서 이방인들이 구원을 받고 영광의 자리에 들어갈 수 있게 된다면 바울 자신은 고난을 받아도 괜찮다는 의미입니다.

바울이 고난을 받는 이유가 복음 전파를 통한 구원이

기 때문에, 그가 당하는 고난으로 인해 미안해하기보다 그들이 받은 구원으로 인해 낙심하지 않는 것이 바울의 원함이었습니다. 그의 궁극적인 원함은 바로 그리스도의 복음이었기 때문에(편하고 쉽게 살거나 복음의 진보를 통한 개인의 영광과 누림이 아니라) 기꺼이 고난을 받겠다는 것입니다.

바울은 이런 그의 원함을 디모데에게 보낸 편지에서도 언급한 적이 있습니다. "너는 내가 우리 주를 증언함과 또는 주를 위하여 갇힌 자 된 나를 부끄러워하지 말고 오직 하나님의 능력을 따라 복음과 함께 고난을 받으라"(딤후 1:8). 고난을 받는 것이 영광이라는 금욕적인 경건을 요구하는 말이 아닙니다. 궁극적인 열망은 편하고 쉽게 사는 것이 아닌, 복음을 전하는 것임을 확인하는 말입니다. 당장은 편하고 싶지만(편하면 안 된다는 의미도 아닙니다) 편함이 아닌 복음의 증인이 되는 것이 궁극적인 원함이기에, 바울은 그가 당하는 고난을 인하여 낙심하지 말라고 간곡하게 요청한 것입니다.

바울의 당부 끝에 에베소 성도들을 위한 유명한 그의 기도가 나옵니다. 그가 환난 중에 있는 성도들을 위해 했던 기도를 두 부분으로 나누자면, 첫째로 그들의 속사람을 강건하게 하시고(엡 3:16), 둘째로 그리스도가 그들의 마음에 계시므로 그분의 사랑의 너비와 길이와 높이와 깊이가 어떠함을 깨닫게 해 달라는 것입니다(엡 3:17-19).

바울이 염두에 두고 있는 속사람은 무엇일까요? 바울이 겉사람과 속사람을 나누어서 언급할 때, 겉사람은 육체를 가리키는 듯합니다. 그렇다면 겉사람은 육신의 장막을 입고 이 땅을 살고 있지만 하늘에 있는 영원한 집을 바라보는 상태를 말합니다. 바울은 "우리의 겉사람은 낡아지나 우리의 속사람은 날로 새로워지도다"(고후 4:16)라고 말합니다. 우리의 몸은 점점 쇠약해지지만, 낙심하지 않는 이유가 영원한 나라에 대한 소망 때문이라는 것이지요. 따라서 속사람이 강건해진다는 것은 단순히 영적인 성숙 단계에 이르는 모습이 아니라, 고난 중에도 하늘의 소망을 놓치지 않는 모습입니다.

그렇다면 속사람이 강건하다는 말은 단계와 수준의 문

제가 아니라 지속성의 문제입니다. 영적인 사람이란 영적으로 성숙한 단계에 이르게 된 사람이 아니라, 지속적으로 성령의 인도하심과 동행하심을 인식하는 사람입니다. 환난 중에 환난을 물리치게 해 달라고, 환난 중에 전혀 마음에 요동이 없는 경지에 이르게 해 달라고 기도하기보다, 환난 중에 우리가 궁극적으로 소망하는 것을 놓치지 않게 해 달라는 기도가 저에게는 엄청난 위로가 됩니다.

바울은 또한 그리스도가 그들의 마음에 계시기를 기도한다고 말했습니다(엡 3:17). 물론 이 기도는 그리스도가 그들의 마음속에 계시지 않은 때도 있다는 의미는 아닙니다. 우리의 생각을 뛰어넘으시는 그리스도의 사랑이 가득하기를 구한 것입니다. 바울은 그들이 하나님을 더욱 사랑하게 되기를 기도하기보다, 그들을 향한 그리스도의 사랑을 더욱 알기를 기도한다고 했습니다. 그 사랑의 너비와 길이와 높이와 깊이를 더욱 알아서 하나님의 모든 충만하신 것으로 그들에게 충만하게 하시기를 바울은 기도했습니다(엡 3:18-19).

이 기도는 저의 목회철학과 인생관을 바꾸어 놓은 기도입니다. 저는 충성을 다하고 최선을 다하며 하나님을 사랑하는 것이 좋은 제자의 마땅한 도리라고 생각했습니다. 하지만 저의 사랑으로 하나님을 감동시키려 하면 할수록 자꾸 위축되기도 하고 교만해지기도 했습니다. 저에게 필요한 것은 하나님을 향한 저의 사랑이 아니라, 저를 향한 하나님의 사랑에 대한 확신이었습니다. 사역 중에 낙심하지 않게 만드는 힘은 저의 사랑이 아니라 그분의 사랑이었으니까요.

이 장 본문에 기록된 바울의 기도를 통해서 저는 하나님이 저의 사랑으로 하나님을 감동시키기보다 제가 그리스도의 사랑으로 감동되기를 원하신다는 것을 깨달았습니다. 복음의 자유를 경험한 순간이었습니다. 물론 그러니까 사랑을 받기만 하면 된다는 의미는 아닙니다. 제가 감당하는 모든 사역의 동기는 저의 열심이 아니라 그리스도의 사랑이어야 한다는 의미입니다.

그 후에 저는 성도들을 위해 기도할 때 어떤 시련과 환난 중에도 그들이 주님을 사랑하게 해 달라고 기도하지 않습니다. 대신 감당하기 어려운 시련 가운데서도 주님이 그들을 얼마나 사랑하시는지, 그 사랑의 너비와 길이와 높이와 깊이를 알게 해 달라고 기도합니다. 세상을 이기는 힘은 우리에게서 나오는 것이 아니라 그리스도에게서 나오기 때문입니다.

주님을 사랑해야 한다는 강박이 때로는 우리를 자유하게 한 진리의 능력을 놓치게 만들고 그 은혜를 누리지 못하게 만들기도 합니다. 믿음으로 환난을 이기게 해 달라는 기도보다 환난 중에도 그리스도를 통한 하나님의 사랑을 놓치지 말게 해 달라고 기도할 수 있는 것은 성도들의 궁극적인 원함이 편한 삶이 아니라 '그리스도와 동행하는 삶'이라는 확신이 있기 때문입니다.

목회자의 간절한 기도

저는 성도들이 어려움을 당하지 않으면 좋겠습니다. 많이 아프지 않으면 좋겠고, 하는 사업이 잘되어서 경제적으로 어려움을 당하지 않으면 좋겠고, 자녀들이 문제가 없으면 좋겠고, 하는 일마다 순조롭게 잘 풀리면 좋겠습니다.

그런데 짧은 기간이지만 선교를 나가는 팀을 위해서 고생하지 않고 쉽고 평탄하고 즐겁고 재미있는 시간을 보내다가 오게 해 달라고 기도할 수 없다면, 육신의 장막을 입고 이 땅에 살면서 영원한 나라를 바라보고 소망하는 성도들을 위해서 그저 복 받아서 평탄한 삶을 살게 해 달라고 기도하는 것은 마땅하지 않겠다 싶었습니다. 평탄함이든 시련이든 그리스도를 통한 하나님의 사랑을 놓치지 않기를 바라는 마음이 가장 간절했습니다. 그리스도의 풍성한 사랑 가운데 뿌리가 박히고 터가 굳어진다면 어떤 경우에도 사명자로 살 수 있겠다 싶었습니다.

그래서 바울은 극심한 고난 중에 있었던 에베소 성도들을 위로하면서 고난이 사라지기를 기도하거나 고난을 이길 수 있는 담대함과 믿음을 위해서 기도하기보다는, 그들이 그리스도의 사랑 안에 거할 수 있기를 기도했습니다. 그리스도를 통한 하나님의 사랑을 알아서 그 안에 거하며 주님과 동행하는 것이 바울의 궁극적인 열망이었고, 성도들의 궁극적인 열망임을 알았기 때문입니다.

그리스도인들이 이 땅에 사는 것 자체가 이미 고난이겠지만(이제 복음의 증인으로 사는 것이니까), 세상이 전부인 것처럼 살지 않기 위해서는 속사람이 강건해져야 하고 그리스도의 사랑 안에 거해야 합니다. 이것이 바울의 기도였고 성도들을 향한 목회자의 궁극적인 기도입니다. 하나님은 진실로 우리를 사랑하십니다. 그래서 그 아들 예수 그리스도가 우리를 위해 십자가 고난의 길을 가게 하시고 부활의 첫 열매가 되게 하심으로 우리로 그 영광에 참여하게 하셨습니다.

따라 읽는 기도_그 사랑

십자가의 길을 가심으로 우리를 사랑하신 주님!
주님을 사랑한다고 말하지만 그 사랑이 얼마나 볼품없는지
우리도 압니다. 우리의 사랑에서 보이는 위선과 거짓, 인색함
에 때로는 사랑한다는 고백조차 할 수가 없습니다. 그러나 주
어진 하루를 지탱하는 힘은 주님을 향한 우리의 사랑이 아니
라 우리를 향한 주님의 사랑이기에 우리는 다시 일어설 수 있
습니다. 전율할 수밖에 없는 그 사랑의 길이와 높이와 너비와
깊이를 알아 감으로 우리의 속사람이 강건하게 하옵소서.

나의 기도

_____

_____

_____

_____

_____

7

기도가 왜
특권이고 특혜인가요?

―――――――

눅 11:5-8

제가 목회할 때 미국 교회 건물을 빌려 사용한 적이 있습니다. 다달이 월세를 내고 있었지만 주어진 시간 외에 교회 건물을 사용해야 하는 상황이면 눈치를 봐야 했고, 한 달에 한두 번 정도는 불려 가서(?) 교회 건물을 깨끗하게 사용하지 않았다는 지적을 받곤 했습니다.

그때 미국 교회 목사님이 참 좋은 분이었는데 스케줄 때문에 몇 번 마찰이 생기자 저에게 이런 제안을 했습니다. "이 교회 건물은 하나님의 것입니다. 똑같이 예수 그리스도를 섬기는 사람들로서 앞으로는 누구든지 먼저 스케줄을 정한 사람에게 우선권을 주기로 합시다. 당신이 건물을 사용하기로 먼저 정하면 이 건물 사용에 대한 권리는 당신에게 있습니다." 저는 그 말이 눈물이 날 정도로 고마웠습니다. 누가 보아도 건물 사용에 대한 권리는 미국 교회에 있는데 그 권리를 공유하도록 해 준 것입니다.

물론 목사님이 말은 그렇게 해도 우리가 막 사용하면 건물에서 쫓겨날 수도 있으니까 그럴수록 더 조심하자는 것이 교회 지도자들의 중론이었습니다. 감사하게도, 저희가 그 교회 건물을 사용한 4년 동안 약속은 신실하게 지켜졌습니다. 교회 건물을 사용할 수 있는 권리는 양도된 권리입니다. 양도된 권리도 정당한 권리라서 언제든지 사용할 수 있지만 그 권리를 사용하는 데는 진실한 감사가 필요합니다.

주님의 파격적인 기도 비유

어떤 분이 "목사님, 제가 한번 찾아가도 될까요?"라고 물으면 저는 별로 망설임 없이 "그럼요. 언제든지 오세요"라고 말합니다. 그렇게 쉽게 말할 수 있는 이유는 그것이 일종의 호의라고 생각하기 때문이고, 그래서 언제든지 저를 찾아올 수 있는 권리를 부여했다고 생각하지 않기 때문입니다. 그러니까 그분이 늦은 밤이나 이른 새벽에, 혹은 제가 바쁠 때 불쑥 찾아와서 "언제든지 오라고 하셨죠?"라고 말한다면 저는 무례하다고 생각할 것입니다. 호의를 권리로 착각한 것이니까요.

주님이 우리에게 무엇이든지 구하라고 말씀하셨지만 대체로 그 말씀은 애정의 표현이라고 생각하지, 요구할 권리가 부여된 것이라고 생각하지 않습니다. 그러니까 하나님은 우리가 기도하더라도 들어주실 의무가 없고, 하나님이 우리의 기도를 들어주지 않으신다 해도 우리로서는 할 말이 없다고 생각하는 것이지요. 섭섭하고 아쉽지만 할 말은 없습니다. 주님의 말씀은 권리의 부여가 아니니까요. 그런 의미에서 누가복음 11장에서 주님이 말씀하신 기도의 비유는 파격적이라고 볼 수 있습니다.

어떤 사람에게 친구가 있는데 그가 늦은 밤에 찾아왔습니다. 더운 낮에는 여행하기 어렵기 때문에 여행을 하다가 늦은 밤 친구가 있는 마을에 이르게 되는 것이 당시에는 익숙한 일이었습니다. 그런데 그 사람에게는 늦은 밤 찾아온 친구에게 줄 음식이 없었습니다. 그래서 이웃집 친구를 찾아갔습니다. 그러고는 여행 중인 친구가 찾아와서 그러는데 떡 세 덩이만 꾸어 달라고 부탁했습니다. 문은 이미 닫혔고 아이들은 잠자리에 들었습니다. 이런 상황에서 떡을 주는 것이 친구의 의무일까요, 아니면 호의일까요?

우리 문화에서는 당연히 호의입니다. 그래서 그 늦은 시간에 떡을 꾸러 온 것은 무례함입니다. 그런데 주님은 이렇게 말씀하셨습니다. "나를 괴롭게 하지 말라 문이 이미 닫혔고 아이들이 나와 함께 침실에 누웠으니 일어나 네게 줄 수가 없노라 하겠느냐"(눅 11:7). 당시 문화권에서 주님의 이 비유를 듣는 사람들에게는 밤중에 찾아와서 여행 중인 친구를 위해 음식을 구하는 이웃에게 떡을 주는 것이 의무임을 전제하고 하신 말씀입니다.

그래서 이어서 주님은 말씀하시기를, "비록 벗 됨으로 인하여서는 일어나서 주지 아니할지라도 그 간청함을 인하여 일어나 그 요구대로 주리라"(눅 11:8)라고 하셨습니다. 한글 성경에서는 "간청함"이라고 번역된 단어가 다른 여러 번역본에서는 "수치스러움, 부끄러움"이라고 번역되기도 합니다. 즉 이는 개인의 명예에 관한 일이라는 의미입니다. 다시 말하면, 이웃이 여행 중인 친구가 와서 떡을 빌려 달라고 했는데 귀찮아서 안 주었다는 사실이 알려지면 그것이 그 사람에게는 수치스러운 일이 된다는 것입니다. 여행 중에 있는 사람에게 친절을 베푸는 것은 의무이고, 여행 중에 있는 사람을 위해 이웃에게 음식을 구하는 것은 당시의 관례상 주어진 권리였습니다.

기도는 특권이자 권리

특권이란 특별한 권리라는 뜻인데, 왠지 '기도는 특권'이라는 말에는 거부감이 없어도 '기도는 권리'라는 말에는 불편함을 느낄 수 있습니다. '특권'이라고 말할 때는 이를 '다른 사람에게는 주어지지 않은 특별한 혜택'이라는 의미로 이해하기 때문이고(그렇다면 '특혜'가 더 맞는 말이겠지만), '권리'라고 말할 때는 '하나님 앞에 요구할 수 있는 정당한 자격'을 말하는 것 같기 때문일 것입니다.

하지만 주님이 말씀하신 비유는 하나님이 기도할 수 있는 권리를 그분의 자녀들에게 부여하셨음을 강조합니다. 물론 하나님께 우리의 기도를 들어주셔야 할 책임이 없다면, 기도할 수 있는 권리가 주어졌다는 말도 그리 큰 의미는 없습니다.

저는 이 비유가 하나님이 우리가 기도하는 것은 무엇이든지 기도한 대로 다 들어주실 의무가 있다고 말하고 있지는 않다고 생각합니다. 왜냐하면 기도는 원하는 것을 얻어 내는 수단이 아니라 하나님을 인격적으로 경험하는 수단이기 때문이기도 하지만, 우리는 우리가 구하는 것이 정말 우리를 위한 최선인지도 모르기 때문입니다. 하나님은 우리의 억울함이나 우리의 필요를 들어주셔야 할 의무가 없지만, 우리를 자녀 삼으심으로 이제 하나님 앞에 구할 수 있는 권리를 자녀들인 우리에게 주셨습니다. 다시 말하면, 하나님은 우리를 자녀 삼으셔서 기도의 권리를 주심으로 우리를 보호하고 우리와 동행할 의무를 스스로에게 부여하신 셈입니다.

그러고 나서 주님은 "구하라 그러면 너희에게 주실 것이요"(눅 11:9)라는 말씀을 하시고, 이어서 "너희가 악할지라도 좋은 것을 자식에게 줄 줄 알거든 하물며 너희 하늘 아버지께서 구하는 자에게 성령을 주시지 않겠느냐"(눅 11:13)라고 하셨습니다(마태복음 7장을 통해 더 잘 알고 있는).

제 해석이 조금 비약으로 들릴 수도 있지만, '성령을 주신다'는 주님의 말씀을 바울이 갈라디아서에서 한 말과 연관시켜 생각해 보고 싶습니다. 성령으로 말미암지 않고는 하나님을 "아버지"라고 부를 수 없다고 한 말입니다(갈 4:6). 그러니까 기도의 특권이란 결국 우리가 하나님을 "아버지"라 부를 수 있는 특권이고, 하나님을 아버지로 경험할 수 있도록 하나님이 성령을 주신다는 약속입니다.

버거운 삶의 현장에서 우리가 구하는 것을 얻는 것이 절실하기는 하지만, 우리의 삶을 하나님의 선하심에 맡기고 살 때는 '우리가 구한 것을 주신다'는 약속보다는 '좋은 것을 주신다'는 약속이 훨씬 더 위로가 됩니다.

자녀는 특권을 누린다

기도의 특권이란 결국 자녀가 되는 특권입니다. 자녀에게
는 부모에게 요구할 권리가 있습니다. 배고플 때 밥을 달
라고 할 권리가 있고, 돈이 필요할 때 돈을 달라고 할 권
리도 있습니다. 자식이 돈을 달라고 할 때 "네가 나한테
맡겨 둔 돈이 있어? 왜 나한테 달라고 해?"라고 말하는
부모가 가끔 있기는 하겠지만, 그 경우도 자녀가 부여된
권리에 고마움을 느끼지 못하거나 돈을 주지 않는 부모
의 마음을 헤아리지 못한다 싶을 때입니다.

예수님의 이 비유는 관계에서 비롯된 권리를 강조합니
다. 따라서 기도하는 사람들이 절대로 잊지 말아야 하는
것은 우리가 하나님의 자녀라는 사실입니다. 우리가 하나
님을 "아빠 아버지"라 부르며 무엇이든지 구할 수 있게 된
것은 자녀 된 우리에게 하나님이 부여하신 특별한 권리라
는 사실입니다. 기도는 단순한 부탁이 아닙니다. 기도는
정중한 요청이 아닙니다. 기도는 힘 있는 사람에게 해야
하는 예의 바른 청탁이 아닙니다. 기도는 권리입니다. 기
도는 자녀에게만 주어진 특별한 권리입니다.

특권이란 말이 무례함을 의미하지는 않습니다. 자녀니

까 떼를 써도 됩니다. 떼를 쓴다고 자녀의 신분을 잃어버리는 것도 아닙니다. 하지만 부여된 권리에 감사한 마음을 가지는 것은 당연합니다. 자녀가 부모에게 감사한 마음을 가지고 배려를 한다고 해서 자녀답지 않다고 말하지는 않을 것입니다.

이 비유의 배경을 보면, 주님은 기도를 가르쳐 달라는 제자들에게 '주기도문'을 가르쳐 주시면서 이 비유를 말씀하셨습니다. 주기도문과 이 비유는 주님이 단순히 기도의 내용을 가르쳐 주신 것이라기보다는 기도의 의미와 자세를 가르치신 것으로 볼 수 있습니다.

하나님은 우리를 자녀 삼으시고 요구할 권리를 주셨습니다. 감히 가까이할 수 없는 영광스럽고 높으신 분이지만 하나님은 친히 우리의 아버지가 되셔서 무엇이든지 구하라고 하셨습니다. 따라서 우리가 기도할 수 있음은 그 어느 것과도 비교할 수 없는 은혜이고, 그 어느 것과도 바꾸고 싶지 않은 특권입니다.

○
하나님은 우리의 억울함과 필요를 들어주셔야 할 의무가 없지만,
우리를 자녀 삼으심으로 하나님 앞에 구할 수 있는 권리를 주셨습니다.

따라 읽는 기도_자녀 됨

아버지가 되시는 주님!

우리는 하나님이 멀게 느껴집니다. 하늘에 계신 거룩하신 분이시니 잘 보여야 선처를 베푸실 분이라고 생각하며 살기도 합니다. 주님이 우리를 자녀 삼아 주시고 무엇이든지 구할 수 있는 권리를 주신 것을 깨닫게 하심에 감사합니다. 하나님이 우리의 아버지이심을 잊지 않고 살겠습니다. 황량한 사막에 혼자 버려진 고아처럼 처절한 외로움에 그 권리조차 상실해 버린 우리를 불쌍히 여기사 기도할 때마다 아버지를 경험하게 하시옵소서.

나의 기도

_____

_____

_____

_____

_____

Step 2

기
도
의　재
　　　발
　　　견

8

구체적으로 기도하는 게
마땅한가요?

창 24:10-14

우리의 기도가 어느 정도까지 구체적이어야 할까요? 구체적인 기도란 과연 얼마나 구체적이어야 하는지 몰라 혼란스럽기도 하고, 지나치게 구체적일 때는 무언가를 요구하는 자세로 기도하는 것 같아서 불편하기도 합니다.

화초를 키우는 어느 정원사가 하나님께 다음과 같은 기도를 드렸다고 합니다. "나를 사랑하시는 전능하신 주님! 나의 기도를 들으사 주님이 나를 사랑하고 계심을 보여 주소서! 주님, 매일 밤 12시부터 새벽 3시까지는 비가 오게 해 주시옵소서. 그 비는 주님이 잘 아시는 대로 아주 보드랍고 포근한 비여야 합니다. 그래서 모든 화초와 나무가 촉촉하게 젖게 해 주소서. 하지만 주님! 그 비가 동자꽃, 뜰냉이, 해바라기, 라벤더, 그리고 건조한 환경을 좋아하는 선인장 종류의 나무에는 내리지 않게 해 주시옵소서. 주님이 원하신다면 어느 나무에 비가 내려서는 안 되는지를 표시해 놓겠습니다. 또한 낮에는 햇빛이 따스하게 비치게 해 주시옵소서. 그러나 조팝나무, 용담, 백합에는 햇빛이 비치지 않게 해 주소서. 새벽에는 이슬이 많이 내리게 해 주시며, 바람은 조금만 불게 해 주시고, 송충이나 벌레가 없게 해 주시며, 일주일에 한 번은 연한 거름과 질소 비료가 하늘에서 내리게 해 주소서. 아멘."

정도의 차이가 있기는 하겠지만 왠지 제가 드리는 기도도 이와 크게 다르지 않은 것 같다는 생각이 듭니다. 목회를 할 때 찾아와 기도를 부탁하는 성도들에게 "어떤 기도를 함께 할까요?"라고 묻는 것은 문제가 안 되는데, "어떻게 기도해 드릴까요?"라고 묻는 것은 마치 기도를 부탁하는 사람의 주문에 맞추어 상품을 제작하는 것처럼 기계적이라는 생각에 기도가 망설여지기도 합니다.

　성경을 보면 물론 하나님의 뜻을 찾기 위한 기도이겠지만, 마치 자신의 계획에 하나님이 맞추어 응답하시도록 하는 듯한 기도가 있습니다. 그 예가 바로 아브라함의 종의 기도입니다.

지시하는 기도와 교제하는 기도

아브라함은 아들 이삭이 고향에 있는 자기 족속과 결혼하기를 원했습니다. 그래서 종을 고향으로 보내 이삭의 배우자를 찾도록 했습니다. 하지만 하나님이 정하신 사람을 어떻게 찾을 수 있겠습니까? 그래서 아브라함의 종은 기도를 드렸습니다. "성중 사람의 딸들이 물 길으러 나오겠사오니 내가 우물 곁에 서 있다가 한 소녀에게 이르기를 청하건대 너는 물동이를 기울여 나로 마시게 하라 하리니 그의 대답이 마시라 내가 당신의 낙타에게도 마시게 하리라 하면 그는 주께서 주의 종 이삭을 위하여 정하신 자라 이로 말미암아 주께서 내 주인에게 은혜 베푸심을 내가 알겠나이다"(창 24:13-14).

이 말씀에 대한 해석은 분분하지만 하나님의 뜻을 찾기 위해서 이처럼 기도하는 것을 일반화시키는 것은 대단히 위험합니다. 이 사건은 '배우자를 위한 기도를 어떻게 해야 하는가'의 모형을 가르쳐 주는 것이 아니라, '하나님이 아브라함에게 하신 약속을 이루기 위해 어떻게 미리 준비하셨는가'를 보여 주는 사건입니다.

다시 말하면, 아브라함의 종이 이처럼 기도했기 때문에 하나님이 리브가가 그 시간에 그곳에 나가도록 하시고 종이 요구한 말을 하게 만드신 것이 아닙니다. 그가 갈 바를 알지 못할 때 하나님이 미리 준비해 놓으신 사람이 있었고, 그 기도를 통해 그 하나님의 준비하심을 경험하게 하신 것입니다. 하나님의 계획이 아브라함의 종의 기도보다 선행하기 때문에, 그가 이처럼 구체적인 기도를 드리지 않았어도 하나님은 리브가를 만나도록 하셨을 것입니다.

기도는 하나님을 경험하도록 하는 은혜의 수단이지, 하나님을 움직이시게 만드는 요구의 수단이 아닙니다. 그러니까 배우자를 위해 구체적으로 기도해야 원하는 배우자를 얻을 수 있다는 말은 합당한 표현이 아닙니다. 기도보다 선행하는 것이 하나님의 주권이니까요. 기도하는 사람은 하나님의 일하심을 경험합니다. 하나님은 이삭을 위한 배우자를 준비해 놓으셨고, 아브라함과의 언약을 이루시어 그를 통해 하나의 큰 민족을 이루는 엄청난 사건을 아브라함의 종이 경험하게 하신 것입니다.

　배우자를 위해 기도하면서 언제, 어디에서, 어떤 사람을 만나게 해 달라는 식의 기도나 배우자의 키, 직업, 학벌, 외모, 형제 관계, 부모의 직업 등 구체적인 조건들을 열거하며 기도하면서 그와 같은 기도가 적합한가를 묻기 전에, 우리의 기도에 유물론적이고 세속적인 가치관이 얼마나 깊이 스며들어 있는가를 살펴보아야 합니다. 아브라함의 종이 드린 기도는 응답받는 구체적인 기도의 모형을 보여 준다고 볼 수 없습니다.

구체적인 기도가
응답의 비결은 아니다

저는 개인적으로 우리의 기도가 구체적인 것은 문제가 없다고 생각합니다. 기도가 하나님과의 관계라고 생각한다면 마치 대화를 나누듯이 마음의 상태와 원함을 표현하는 것은 어쩌면 당연하겠다 싶기 때문입니다. 물론 그 전제는 우리가 하나님보다 지혜롭거나 선할 수 없으니, 구체적으로 요구하는 대로 주시기보다는 가장 좋은 것을 주신다는 확신입니다.

그러니까 기도를 통한 인격적인 하나님과의 교제를 원한다면 시시콜콜 하나님께 아뢸 수 있음이 친근함을 의미할 수도 있습니다. 하나님이 원하시는 것이 사업적인 관계가 아니라 인격적인 교제라면 시시콜콜 기도한다고 언짢아하지 않으실 것입니다.

하지만 만일 그와 같은 구체적인 기도를 하나님이 들어주시는 기도의 조건으로 말한다면 동의하기 어렵습니다. "하나님, 저를 고쳐 주세요"라고 기도한다고 해 봅시다. 하나님이 무엇을 고쳐 달라는 것인지 모르시면 고쳐 주실 수 없기 때문에 "하나님, 제 새끼손가락 둘째 마디에

바늘로 찌르는 것 같은 3등급의 통증이 있는데 그 통증이 사라지게 해 주세요"라고 기도해야 하나님이 우리의 원함과 필요를 아시게 된다는 의미라면 수긍하기 어렵다는 말입니다.

환자는 의사에게 문제점을 꼼꼼하게 이야기해야 바른 진단과 알맞은 처방과 치료를 받을 수 있습니다. 환자가 말하기 전까지는 의사는 모르기 때문입니다(물론 MRI나 초음파로 환자 자신도 모르는 문제점을 찾을 수는 있겠지만 그 경우도 환자가 한 말에 근거해서 검사를 할 것입니다). 하지만 하나님은 우리가 우리에 대해 아는 것보다 더 잘 아시고, 우리가 구체적으로 말하지 않아도 우리의 문제가 무엇인지 아십니다. 기도의 구체화가 응답받는 비결은 아닙니다.

무례하지 않지만 친밀한 교제

선교지에서나 교인들에게서 기도의 요청이 아주 구체적으로 들어올 때가 있습니다. "돈이 얼마가 필요한데 언제까지 들어오도록 기도해 주세요", "아들이 회사 면접을 보는데 인자하고 너그러운 그리스도인 면접관을 만나게 해 주시고, 아들을 난처하게 하는 질문은 막아 주시고, 고약하기로 소문난 면접관은 들어오지 않도록 기도해 주세요"라는 기도 요청을 받는다면 어떨까요? 제가 만일 말을 전하는 대리인이나 중재인이라면 부탁한 대로 기도를 하겠지만, 목회자로서 하나님 앞에 바로 기도하기를 원한다면 그런 요청은 너무 하나님께 지시하는 것 같아 차마 요청받은 대로 기도할 수 없겠다는 생각이 들곤 합니다.

저는 신앙적으로, 혹은 성경적으로 동의하기 어려운 기도를 요청받을 때 그런 구체적인 요청이 불편합니다(어느 집회에 참석했더니 담임목사가 이번 집회를 통해 성령을 체험하고 다 방언할 수 있게 해 달라고 기도하자고 했는데 저는 그 기도를 할 수가 없었습니다). 저는 개인적으로 "이렇게 기도해 주세요"라는 말보다는 "이런 상황인데 기도해 주세요"라는 말이 더 편안합니다. 기도회를 인도하면서 하는 멘트도 기도의 방향을 잡아 주기 위해서는 필요하겠지만, 기도의 내용을 회중의 입에 넣어 주는 듯한 말은 부담스럽습니다.

기도를 요청하는 사람도, 기도를 하는 사람도 하나님의 원함을 아직 분명하게 알 수 없다면, 우리의 원함을 따라 기도하면서도 하나님의 인도하심에 열려 있어야 합니다. 내가 기도한 대로가 아니라, 하나님이 그분의 원함을 따라 선하게 인도해 주시기를 바라는 것이 마음 깊은 곳에 있어야 한다는 뜻입니다.

너무 구체적으로 기도를 요청하는 것은 하나님을 제한하는 것처럼 들리기도 하고, 기도하는 사람에게 사유할 수 있는 공간을 허락하지 않는 것처럼 보일 수 있습니다. 상황을 설명하거나 소개한 후에 기도를 요청하는 것이 구체적으로 이렇게 저렇게 기도해 달라고 요청하는 것보다 더 합당하겠다는 것이 개인적인 소견입니다.

그럼에도 다시 한 번 말하지만, 저는 기도가 구체적인 것은 문제가 없다고 생각합니다. 구체적으로 기도하는 이유가 하나님께 지시함이 아니라, 하나님과 친밀하게 교제함이라면 말입니다. "기도란 해야 할 말을 하는 것이 아니라, 하고 싶은 말을 하는 것"이라는 C. S. 루이스(C. S. Lewis)의 말처럼, 불면증에 시달릴 때 드리는, "하나님, 밤에 다섯 시간만 숙면할 수 있게 해 주세요"라는 기도는 업무상의 요구가 아니라 친밀한 인격적 대화일 테니까요.

○
기도는 하나님을 움직이시게 만드는 요구의 수단이 아닙니다.

따라 읽는 기도_친밀함

우리의 기도에 따라서가 아니라, 우리의 기도를 통해 선하심을 따라 일하시는 주님!

때로는 우리의 구체적인 기도가 하나님께 지시하듯 무례했음을 용서하소서. 그럼에도 "무엇이든지 구하라"고 말씀하신 주님의 마음을 헤아려 친밀하게 기도하고 싶습니다. 하늘에 계신, 그러나 우리의 아버지가 되신 하나님을 인격적으로 누리며 친밀한 기도를 통해 주님과 동행하고 싶습니다. 무례하지 않겠습니다. 그러나 격식을 따라 거리를 두지는 않도록 도와주옵소서.

나의 기도

9

병든 자를 위해
교회는 왜 기도해야 할까요?

약 5:13-16

몸에 병이 들면 의사가 먼저 생각납니까, 아니면 목회자가 먼저 생각납니까? 어쩌면 목사도 목사 나름이라고 말하는 분이 있을지 모르겠습니다. 영험하고 병을 잘 고친다는 소문이 난 목사라면 의사보다 먼저 생각날 수도 있겠지만, 저처럼 병도 못 고치고 엉뚱한 말만 하는 목사는 떠오르지 않을 것입니다. 저는 교인이 아프다는 이야기를 들으면 전화를 하거나 심방을 갑니다. 그때 제가 늘 하는 말은 "병원에는 다녀오셨어요? 의사 선생님은 뭐라고 하시던가요?"입니다.

교인 중에 누가 아프다는 말을 들으면 왜 저는 "제가 기도하면 괜찮아질 겁니다"라고 말하지 못하고 병원에는 다녀오셨는지를 물을까에 대해 제법 진지하게 고민해 본 적이 있습니다. 물론 능력도 없고, 믿음도 부족하고, 그런 체험이 없어서일 수 있지만, 그에 못지않게 의학에 대해서 제가 가지고 있는 신학적, 신앙적 입장 때문이기도 합니다. 목사에게 주어진 궁극적인 임무는 병을 고치는 것이 아니라, 하나님을 온전히 바라보도록 하는 것이라고 믿기 때문이라는 말입니다.

사람이 병이 드는 이유는 다양합니다. 의학적인 이유는 차치하고라도 영적인 다양한 이유가 있습니다. 하나님은 하나님의 능력을 경험하도록 병을 주기도 하시고, 훈련을 통한 연단을 위해서 병을 주기도 하십니다. 죄를 회개하도록 하시려는 징계인 경우도 있고, 다른 사람의 유익과 하나님 나라의 진보를 위해서 병을 주기도 하십니다. 또한 이제 이 땅에서의 생을 마감하고 안식하도록 병을 주기도 하십니다.

우리는 병의 원인을 알고 싶어 하지만, 많은 경우에 왜하나님이 병을 허락하시는지 그 이유를 알기는 어렵습니다. 특히 다른 사람의 병에 대한 영적인 원인을 함부로 판단하는 것은 대단히 위험한 일이기도 합니다. 영적인 원인을 알 수 없는 우리로서는 병 낫기를 위해 기도할 수도 있고, 인내를 위해 기도할 수도 있고, 하늘의 소망을 위해 기도할 수도 있습니다. 하지만 이 모든 경우에 목사가 해야 하는 일은 결국 하나님을 바라보도록 하는 것입니다.

병든 자들을 향한 교회의 관심

야고보 사도는 병든 자는 교회의 장로들을 부르라고 했습니다(약 5:14). 성경에서 "장로"라고 할 때는 목사도 포함됩니다. 병든 자를 위해서 신유의 은사를 받은 사람을 부르라거나 능력 있는 사람을 부르라고 하지 않고 장로를 부르라고 한 것을 보니, 당시 장로들은 모두 신유의 은사를 가지고 있었거나 아니면 병 고침이 아닌 다른 목적이 있었다고 보아야 하는데, 저는 후자가 맞다고 생각합니다.

야고보 사도가 "의사를 부르지 말고", "무엇보다 먼저"라고 말하지 않고, 바로 "교회의 장로들을 부르라"고 했다는 점을 주목해 보고 싶습니다. "교회의 장로들"은 교인들의 영적인 상태를 책임진 사람들입니다. 교인들을 영적으로 돌보아야 할 목양적 책임이 있는 이들입니다. 이는 곧 병든 사람들에 대해서 교회적으로 관심을 가져야 한다는 말입니다.

교회의 장로들은 주의 이름으로 기름을 바르며 병자를 위해 기도하라고 야고보 사도는 말했습니다. '기름을 바르며 기도하라'는 말을 '약도 쓰면서 기도하라'는 의미로 보는 경우가 있습니다. 고대에는 기름이 약으로 사용된 경우가 있으니까 그런 의미로 본다면 성경 전체의 가르침과 일관된 것은 사실입니다.

하지만 제게는 '기름'이 '약'을 상징한다는 것이 그리 설득력이 없습니다. 우선은 기름이 외상에 약으로 사용된 경우는 있지만 모든 병에 약이 되지는 않았습니다. 또한 '약'에 해당하는 헬라 단어가 있는데 왜 그 단어를 사용하지 않고 군이 '기름'이라는 상징으로 표현했는가도 이해가 되지 않습니다. 제게 가장 걸리는 것은 '만일 기름이 약을 상징한다면 왜 군이 교회의 장로들을 청하고 그들에게 기름을 바르며 기도하라고 했을까?' 하는 것입니다. 가족들이 기름을 바르며 기도하면 안 될까요?

저는 기름이 '성령'을 상징한다고 생각합니다. 그러니까 기름을 바르는 행위는 마치 세족식과 같은 교회의 의식처럼, 병든 사람을 위해 교회적으로 관심을 가지고 성령의 도우심을 구하는 상징적, 혹은 예식적 행위라는 말입니다. 성령은 병을 고치실 수도 있고, 병자의 마음에 평안을 주실 수도 있고, 하늘에 대한 소망을 견고하게 하실 수도 있습니다. 병자가 있다면 교회적으로 관심을 가져야 합니다. 그리고 성령의 도우심을 구해야 합니다.

야고보 사도는 "믿음의 기도는 병든 자를 구원하리니 주께서 그를 일으키시리라"(약 5:15상)라고 말했습니다. 이 약속은 반드시 병을 고친다는 약속으로 볼 수 없습니다. 물론 '구원한다'는 말이 '병중에 기도하면 영혼이 구원을 받는다'는 의미는 아닙니다. "구원"을 "회복"이라고 기록한 영어 번역본이 있기는 하지만, 회복이라고 해도 궁극적으로는 영적인 회복을 의미합니다(육체적인 회복은 이 영적인 회복에 포함될 수 있겠지요).

그래서 이어서 야고보 사도는 "혹시 죄를 범하였을지라도 사하심을 받으리라"(약 5:15하)라고 말했습니다. 그러니까 만일 죄로 인한 징계였다면(모든 질병의 원인이 개인의 구체적인 죄는 아니지만) 그 죄가 사함을 얻는 기회가 될 수도 있다는 의미입니다. 결국 회복은 하나님과의 관계 회복입니다.

질병 중에 하나님께 원망이 생길 수 있고, 하나님을 향한 두려움을 가지게 될 수도 있습니다. 억울한 마음도 가능합니다. 이 모든 경우에 믿음으로 드리는 기도는 다시 하나님을 향하도록 합니다. 병을 고쳐 달라고 기도할 수도 있고, 잘못했다고 기도할 수도 있고, 견딜 수 있는 힘을 달라고 기도할 수도 있습니다. 하지만 궁극적으로 그와 같은 기도를 통해서 우리는 하나님을 찾습니다.

야고보 사도의 결론은 이렇습니다. "그러므로 너희 죄를 서로 고백하며 병이 낫기를 위하여 서로 기도하라 의인의 간구는 역사하는 힘이 큼이니라"(약 5:16). 이 말씀은 병이 들면 회개해야 한다는 의미라기보다는 교회의 본질적 사명을 의미한다고 생각합니다. 죄를 서로 고백하고 용서하는 것, 고난 중에 있는 사람들을 찾아가 고난에 동참해서 기도하는 것. 다시 말하면, 죄인들과 상한 자들, 아픈 자들을 향한 공동체적인 관심을 강조합니다.

믿음으로 살겠다고 다짐하지만 고난을 당하면 두려워지고 기도가 막힙니다. 왜 그렇지 않겠습니까. 키를 넘는 파도가 넘실거리고 몸을 가누기 힘들 만큼 강한 바람이 부는데 왜 두렵지 않겠습니까. 이럴 때 교회가 그를 찾아가 함께 기도하며 하나님을 바라보도록 하는 일은 너무도 귀하고 아름다운 일입니다. 세상은 빨리 가는 것에 관심을 가지고 있지만, 주님은 빨리 가는 것보다 함께 가는 것을 기뻐하십니다.

《마음을 따뜻하게 하는 101가지 이야기》(우리책, 2002)라는 책이 있습니다. 그 책에 존(John)이라는 다운증후군을 잃고 있는 장애인의 이야기가 나옵니다. 존은 시애틀에서 열린 장애인 올림픽에 단거리 달리기 선수로 발탁되어 출전하게 되었습니다. 몇 달 동안 정말 열심히 훈련했습니다. 그리고 마침내 시합 날, 여덟 명의 장애인 단거리 달리기 선수들이 출발선에 섰고, 신호와 함께 동시에 뛰어나갔습니다.

그런데 존이 출발하자마자 넘어졌습니다. 한 명의 실족이 다른 사람들에게는 기회입니다. 그런데 존이 넘어지자 앞으로 뛰어나갔던 일곱 명의 선수들이 모두 멈추었습니다. 그러고는 모두 돌아왔습니다. 존을 둘러싸고 괜찮다고 격려하며 일으켜 세운 후 여덟 명이 손을 잡고 함께 뛰기 시작했습니다. 그들에게는 1등을 한다는 것은 그리 큰 의미가 없었습니다. 뛴다는 것이 의미가 있었고, 더욱이 함께 뛴다는 것이 더 의미 있었습니다.

저는 이것이 이 땅에서 교회가 세상과 달라야 하는 점이라고 생각합니다. 세상은 빨리 가는 사람만 주목합니다. 넘어진 사람에게 관심이 없습니다. 측은한 마음이 있더라도 나의 뜀을 멈출 생각은 없습니다. 그런데 성경은 말하는 것입니다. 만일 누가 넘어지면 멈추어 서라고 말이지요. 아프고 힘든 사람이 있다면 교회는 함께 가야 할 사명이 있기에 그들을 위해 기도해야 합니다.

함께 하는 기도가 귀한 이유

재미있는 것은 야고보 사도가 끝부분에 언급하는 엘리야의 이야기입니다. 야고보 사도가 들려주는 이야기는 우리가 알고 있는 이야기와 다릅니다. 우리가 알고 있는 바로는 엘리야가 기도해서 비가 온 것이 아닙니다. 하나님이 때가 되었을 때 엘리야에게 아합왕을 찾아가라고 하셨고, 기도하게 하셔서 비가 온 것입니다.

그런데 야고보 사도는 엘리야가 우리와 성정이 같은 사람이지만 비가 오지 않기를 간절히 기도하니 3년 6개월 동안 비가 오지 않았다고 말했습니다. 정말 엘리야가 비가 오지 않기를 기도해서 비가 오지 않았나요? 하지만 야고보 사도는 엘리야의 기도 때문이라고 말했습니다.

난해하지만, 저는 야고보 사도가 하나님이 하나님의 일을 이루실 때 사람의 기도를 통해서 일하신다는 것을 강조했다고 생각합니다. 하나님이 우리의 기도 때문에 병을 고쳐 주시는 것이 아니라, 하나님의 계획과 섭리 가운데 병을 고쳐 주시지만 우리의 기도를 통해서 일하신다는 것입니다. 그래서 병자들을 위한 공동체의 기도가 중요하고 소외되고 힘든 사람들과 함께 하는 기도가 귀합니다. 하나님이 그 기도를 통해서 하나님의 거룩한 일을 이루어 가시기 때문입니다.

○
하나님은 병든 자를 위한 공동체의 기도를 통해
그분의 거룩한 일을 이루어 가십니다.

따라 읽는 기도_함께함

약한 자들과 소외된 자들을 버리지 않으시는 주님!

우리는 왜 하나님이 어떤 사람들은 아프게 하시고 어떤 사람들은 고난 중에 살게 하시는지 잘 모릅니다. 하지만 그 현실에서 우리가 무엇을 하기를 원하시는지, 주님의 마음은 알 것 같습니다. 다른 사람들의 아픔과 실패를 우리가 앞서갈 수 있는 기회로 삼기보다는 그들을 섬길 수 있는 기회로 삼고 싶습니다. 이를 위해서 기도가 얼마나 절실하게 필요한지를 알게 해 주시옵소서. 그리고 특히 우리 주변에 병으로 인해 힘들어하는 사람들을 긍휼히 여겨 주시옵소서.

나의 기도

_____

_____

_____

_____

_____

10

방언기도의 목적은
무엇인가요?

고전 14:13-15

방언의 은사가 지금도 지속되고 있을까요? 아니면 성경의 완성과 함께 폐지되었다고 보아야 할까요? 방언은 정말 신령한 하늘의 언어일까요? 아니면 다른 나라의 언어일까요? 방언기도의 유익은 무엇일까요? 어떻게 하면 방언의 은사를 받을 수 있을까요?

목회를 하면서 방언기도에 관한 많은 질문을 받았고 방언기도로 인해서 어려움을 겪는 교인들도 많이 보았습니다. 저는 여기서 방언기도에 대한 이 질문들에 대해 저의 입장을 표명하기보다는 고린도전서 14장의 문맥에서 바울 사도가 강조한 것이 무엇인지, 당시 고린도 교회에서는 무엇이 문제였는지를 살펴보는 데서 만족해야 할 것 같습니다.

영으로 하는 기도와 마음으로 하는 기도

첫째로, 바울 사도는 '영으로 기도하는 것'과 '마음으로 기도하는 것'을 구별했습니다(고전 14:15). 일반적으로 사람들은 영은 순수하고 맑은 것이고, 마음은 인간적이고 세속적이라는 이원적 인식을 가지고 있습니다. 아마도 워치만 니

114

(Watchman Nee)와 같은 사람들의 삼분적 경건주의의 영향 때문이겠다 싶습니다. 인간은 영과 혼(혹은 마음), 그리고 육으로 구성되어 있다고 보는 것입니다.

그래서 제가 학생 때에는 '영에 속한 사람'과 '육에 속한 사람', '육에 속한 그리스도인'(Carnal Christian)이 있는데 육에 속한 그리스도인이 되기보다 영에 속한 그리스도인이 되어야 한다는 말을 종종 들었습니다(고린도전서 3장에 대한 심각한 해석적 오류에서 비롯된 것입니다. 바울은 육에 속한 그리스도인이 있다고 말한 것이 아니라, 그리스도인이 분쟁을 일삼으면 육에 속한 일을 하는 것이라고 말한 것입니다).

이런 인식을 가지고 보면 영으로 하는 기도가 마음으로 하는 기도보다 더 순수하고 바르다고 생각할 수 있습니다. 하지만 바울은 그런 의도로 말하지 않았습니다. "내가 만일 방언으로 기도하면 나의 영이 기도하거니와 나의 마음은 열매를 맺지 못하리라 그러면 어떻게 할까 내가 영으로 기도하고 또 마음으로 기도하며 내가 영으로 찬송하고 또 마음으로 찬송하리라"(고전 14:14-15).

이 말씀을 통해 두 가지를 짚고 넘어가야 할 것 같습니다.

우선, 방언기도는 성령이 하시는 기도가 아니라, 기도

하는 사람이 영으로 하는 기도라는 것입니다. 그러니까 방언을 통역한다면 그 내용은 기도를 듣는 사람들과 기도하는 사람이 함께 "아멘" 할 수 있는(고전 14:16) 내용이지 성령 하나님이 말씀하시는 계시적인 내용이 아닙니다.

또 다른 하나는, 영으로 기도한다는 말은 이해할 수 없는 신비스러운 현상이라는 의미이지 더 신령하고 거룩한 것이라는 의미는 아니라는 뜻입니다. 그래서 어떤 성경 번역은(예로 킹제임스 성경) 마음을 "이해"(understanding)로 번역해 기도를, 내용을 이해할 수 있는 것과 이해할 수 없는 것으로 구분했음을 암시했습니다. 이해할 수 있는 언어로 기도를 하든, 이해할 수 없는 언어로 기도를 하든 분명한 것은 그 기도는 하나님을 향한 기도라는 것입니다.

둘째로, 사도 바울은 방언기도는 개인의 유익을 위한 기도라고 말했습니다. 바울은 영으로 하는 기도가 개인에게 유익이 있다는 것을 부인하지 않지만 만일 통역이 없다면 다른 사람들에게는 덕을 세우지 못하고 유익을 끼칠 수 없다고 했습니다. 그래서 방언기도는 믿는 자들이 아니라, 믿지 아니하는 자들을 위한 표적이라고까지 말했습니다(고전 14:22).

바울이 말하는 "표적"은 문맥상 '심판의 표적'이라고 보는 것이 합당합니다. 오순절 방언의 사건이 각 나라에서 온 사람들이 자기 나라의 말로 알아들음으로 복음이 전파된 복된 사건이었다면, 현재 고린도 교회에서의 방언은 사람들이 귀가 있어도 듣지 못하게 됨으로 복음의 축복이 임하지 못하게 되었다고 말하기 때문입니다. 그래서 바울은 예언이 어떤 경우에도 방언보다 더 나은 은사라고 말하기보다는(은사 중에 본연적으로 더 나은 은사는 없다고 생각합니다), 적어도 공적인 예배에서 통역을 하지 않는다면 교회에 주는 유익이 없다고 말했습니다.

영과 마음의 구분은 단계의 구분이 아닌 종류의 구분입니다. 영으로 하는 기도라서 더 순수하거나 신령하고, 마음으로 하는 기도라서 불순하거나 인간적이라는 주장은 적어도 고린도전서 14장에서는 어디에서도 찾아볼 수가 없습니다.

더욱 큰 은사를 사모하라

고린도 교회는 방언으로 인해 어려움이 있었습니다. 방언기도를 하는 사람들과 그렇지 않은 사람들이 있었으니까요. 교회의 이런 문제들을 접하고 바울은 우선, 은사는 성령이 그 뜻대로 주시는 것이지 사람의 원함을 따라 주어지는 것이 아님을 강조했습니다(고전 12:8-11). 특히 고린도전서 12장 29-30절에서 바울은 "다 사도이겠느냐 다 선지자이겠느냐 다 교사이겠느냐 다 능력을 행하는 자이겠느냐 다 병 고치는 은사를 가진 자이겠느냐 다 방언을 말하는 자이겠느냐 다 통역하는 자이겠느냐"라고, 그렇지 않다는 대답을 예상하며 수사학적 질문을 던졌습니다.

성령이 그분의 뜻대로 은사를 주시고 그분의 뜻대로 직분을 주십니다. 따라서 바울의 "더욱 큰 은사를 사모하라"(고전 12:31)라는 말은 본유적으로 더 큰 은사가 있어서 그 은사를 달라고 하면 하나님이 주신다는 의미가 아닙니다. "더욱 큰 은사"는 사실은 단수가 아니라 복수입니다. 그러니까 "더욱 큰 은사들을 사모하라"가 정확한 번역입니다. 단수로 번역되었기 때문에 종종 고린도전서 13장과 연결시켜서 '은사 중에 제일 큰 은사는 사랑'이라고 생각하기도 하지요. 하지만 사랑은 은사가 아닙니다. 오히려 사랑은 은사가 큰 은사가 되게 하는 제일 좋은 길입니다. "너희는 더욱 큰 은사를 사모하라 내가 또한 가장 좋은 길을 너희에게 보이리라"(고전 12:31).

그러고 나서 바울은 그 유명한 고린도전서 13장을 이야기했습니다. "내가 사람의 방언과 천사의 말을 할지라도 사랑이 없으면 소리 나는 구리와 울리는 꽹과리가 되고 내가 예언하는 능력이 있어 모든 비밀과 모든 지식을 알고 또 산을 옮길 만한 모든 믿음이 있을지라도 사랑이 없으면 내가 아무것도 아니요"(고전 13:1-2). 여기에서 대조되는 것은 "사랑"과 "천사의 말", "사랑"과 "믿음"이 아닙니다. '사랑이 있는 믿음'과 '사랑이 없는 믿음', '사랑이 있는 천사의 말'과 '사랑이 없는 천사의 말'입니다. 그러니까 사랑이 방언보다 크고 사랑이 믿음보다 크다는 말이 아니라, 방언과 믿음을 사랑으로 행하면 그것이 큰 은사가 된다는 뜻입니다.

그렇다면 사랑으로 행한다는 것은 어떤 의미일까요? 고린도전서 13장 4절부터 바울은 설명합니다. 사랑은 오래 참고, 온유하고, 시기하지 않고, 교만하지 않고, 자기의 유익을 구하지 않고, 무례히 행하지 않습니다. 바울의 권면은 이렇습니다. "하나님이 방언의 은사를 주셨습니까? 그러면 방언의 은사를 받았다고 교만하거나, 무례히 행하거나, 자기의 유익을 구하지 마세요. 그러할 때 그 은사가 큰 은사가 됩니다. 하나님이 가르치는 은사를 주셨습니까? 그러면 사랑으로 행해서, 즉 무례하거나, 자기의 유익을 구하거나, 교만하거나, 자랑하지 않아서 그 은사가 큰 은사가 되도록 하십시오."

이 말은 하나님이 주신 은사로 자기의 유익이 아닌 교회의 유익을 구하라는 의미로 볼 수 있습니다. 원래 그것이 은사의 목적이니까요. 바울이 고린도 교회를 보면서 안타까워한 것은 은사로 인해서 교회에 분쟁이 생긴 것이었습니다. 제가 제대로 이해했다면, 바울은 통역이 없으면 방언을 하면 안 된다는 원칙을 강조하기보다는 교회의 질서, 교회의 평화, 그리고 공동체의 유익을 위한 은사의 목적을 강조했습니다.

방언기도를 주신 참된 목적

바울의 심정을 통해 하나님의 마음을 살펴보고 싶습니다. 바울의 궁극적인 관심은 예수 그리스도의 복음을 세상에 전하는 것이었습니다. 교회도 이를 위해서 하나님이 세우셨다는 확신이 그에게는 있었습니다. 그래서 기도도, 예배도, 은사도, 직분도 결국은 그리스도를 존귀하게 하며 그분의 이름을 드러내는 데 궁극적인 목적이 있다고 믿었습니다. 방언도 예외는 아닙니다.

하지만 애석하게도 방언기도로 인해 교회에 분쟁이 생기고 원래 성령이 은사를 주신 목적을 놓친 것이 바울의 마음을 아프게 했습니다. 그래서 그는 고린도전서 12장부터 14장에 이르기까지 제법 길게 은사와 직분에 관해 설명을 했습니다. 성령이 섬김을 위해 주신 은사에 대한 이해 차이 때문에 교회가 분열되고 예배의 중심을 잃어서는 안 된다는 것이 주님의 마음이라는 확신으로, 바울은 교인들을 권면하고 책망한 것이지요.

방언에 관해서는 여전히 입장의 차이가 있어서 정직하고 냉정한 사색과 대화가 필요하지만, 그럼에도 교회를 향한 주님의 마음은 놓치지 않도록 최선을 다해야 할 것입니다. 교회는 그리스도의 몸이요, 만물 안에서 만물을 충만하게 하시는 이의 충만함입니다(엡 1:23). 모든 은사가 보상이나 사랑의 표현으로서의 선물이 아니라, 그리스도의 몸 된 교회를 아름답게 섬기도록 주어진 것이라면 은사로 인한 분쟁을 피하고 오직 그리스도의 원함에만 모든 교회의 관심이 모아져야 할 것입니다.

○
모든 은사는 그리스도의 몸 된 교회를 아름답게 섬기기 위해 주어졌습니다.
분쟁을 피하고 오직 그리스도의 원함에만 관심이 모아져야 합니다.

따라 읽는 기도_섬김을 위한 은사

교회의 머리 되신 주님!

교회를 섬기도록 다양한 은사들을 주심에 감사를 드립니다.

우리에게 주신 은사를 사랑으로 행하여 큰 은사가 되도록 하라고 하셨으니 주신 은사들 때문에 교만하거나, 자기의 유익을 구하거나, 성내거나, 무례하게 행하지 않기를 원합니다.

각자에게 주어진 은사가 다르더라도 주어진 은사를 통한 하나님의 궁극적인 목적이 무엇인지를 놓치지 않을 수 있도록 우리를 도와주소서!

나의 기도

_____

_____

_____

_____

_____

11

원수를 위해
기도해야 할까요?

———

마 5:44

원수를 사랑하고 용서하는 일이 가능할까요? '원수'와 '사랑'은 서로 반대되는 개념이기 때문에 논리적으로도 이둘을 함께 생각하기란 쉽지 않습니다. 사랑하면 더 이상원수가 아니고, 원수라고 하면 사랑할 수 없으니까요.

어느 목사님과 스님이 자신의 종교가 더 우월하다고주장하는 중에, 목사님이 "기독교에서는 원수도 사랑하라고 가르칩니다"라고 말하자 스님이 "불교에서는 원수가 없다고 가르칩니다"라고 대답했다고 합니다. 누군가를 원수로 여기면서 "사랑하자"는 말에서는 듣기에 따라서 우월감이나 독선이 느껴지기도 합니다.

그렇다면 예수님이 말씀하신 원수는 누구일까요? 나를 원수라고 여기는 사람일까요? 내가 원수로 여기는 사람일까요? 아니면 나와 가족에게 치명적인 해를 입힌 사람일까요?

일반적으로 사람들이 기독교에서 말하는 용서에 대해못마땅하게 여기는 부분 중 하나는 가해자가 용서를 말한다는 것입니다. 다시 말하면, 피해자는 아직 용서할 마음이 없는데도 가해자가 자신은 용서를 받았다고 말하는것이고, 자기가 잘못해 놓고는 상대방을 용서한다고 말하는 것입니다.

하지만 대체로 원수를 사랑하라는 말씀이 어려운 이유는 감정이 정리가 안 된 상태에서 행동을 요구한다고 생각하기 때문일 것입니다. 즉 상대방이 잘못을 인정하고 용서를 구하는 경우에 용서가 안 되고, 용서했다 싶어도 없던 일처럼 되지 않는 것이 문제이지요. 그러니까 그렇게 용서가 쉽지 않은 것이고, 감정이 정리되지 않은 사람들을 위해서 기도하는 것은 더욱 어려운 일입니다. 도저히 기도가 안 되는 것도 어렵고, 억지로 기도하는 모습에서 위선이 느껴지는 것도 힘이 듭니다. 원수를 위해서는 어떤 기도를 해야 할까요?

누가 원수인가

많은 경우에 시비를 가리는 일은 관점의 문제입니다. 예수님을 믿기 전 바울은 기독교를 혐오했습니다. 이방인들을 용납해서 하나님의 백성이라고 말하는 것은 하나님께 대한 모독이라고 생각했기 때문에 그리스도인들을 핍박하는 데 앞장섰습니다. 그리스도인들을 때리고 가두는 것이 그에게는 정당했습니다. 그리스도인들은 자신뿐 아니라 하나님께도 원수들이니까요.

로마인들도 비슷한 생각을 했습니다. 그리스도인들을 반사회적인 사람들이요, 로마인들의 다원적 종교를 무시하는 무신론자들이요, 사교 집단이라고 생각했기 때문에 제거해야 할 사회악으로 여겼습니다. 그리스도인들을 핍박하는 일은 정당했습니다. 질서를 해치고 권위에 도전하는 원수들이니까요.

그런데 그런 그리스도인들이 "로마인과 유대인을 용서하고 사랑하자"고 말하는 것을 듣는다면 얼마나 더 화가 치밀까요? 적반하장도 유분수지 누가 누구를 용서하고 사랑한단 말입니까?

원수를 사랑하라는 말씀이 상대방을 일단 악인으로 규정하고 자신을 그들과 차별화하는 것을 의미한다면, 이 말은 독선으로 들릴 수 있습니다. 저는 예수님이 그분을 반대하거나 죽이려고 했던 사람들을 원수로 여기신 적이 없다고 확신합니다. 즉 예수님은 그들을 원수로 여기시면서 그럼에도 사랑하려고 애를 쓰신 것이 아니라, 늘 불쌍히 여기셨습니다.

그렇다면 원수를 사랑하라는 말씀은 내가 원수로 여기는 사람이 아니라, 나를 원수로 여기는 사람들이라고 보는 것이 합당합니다. 어차피 은혜를 받은 그리스도인들은 누구도 원수로 여기고 싶지 않을 테니까요. 성경에서 "원수를 사랑하고 용서하라"고 할 때에는 그들이 미워했던 대상이 아니라, 그들을 미워했던 사람들에 관해서라고 보는 것이 가장 자연스럽습니다. 그러나 우리를 힘들게 만들었던 사람들을 어떻게 용서할 수 있을지에 관해 먼저 생각해 보겠습니다.

용서하는 것의 진짜 의미

용서를 말하면 많은 사람이 용서가 안 된다고 말합니다. 물론 도저히 용납이 안 되는 경우도 있습니다. 나치에 의해서 성추행과 모욕을 당했던 코리 텐 붐(Corrie Ten Boom)은 전쟁 후에 어느 집회에서 과거 수용소 간수를 다시 보았을 때 감각이 되살아나 몸이 떨리고 속이 울렁거렸다고 고백했습니다. 이처럼 생각만 해도 치가 떨리는 사람들이 있습니다. 왜 안 그렇겠습니까. 그런 경우 용서를 요구하는 것은 무모하고 부당합니다.

  하지만 그때에도 억울하지만 부담을 느끼는 이유는 그

리스도의 용서 때문입니다. 하나님이 우리를 어떻게 용서하셨는지 알기 때문에 억울하다 생각하면서도 용서에 대해 부담을 느끼는 것이지요. 그래서 용서가 안 된다고 말하는 것입니다.

따라서 그리스도인들이 용서가 안 된다고 말할 때에는 '절대로 용서하지 않겠다'는 의지적 결단을 의미한다기보다는 '용서의 부당함이 받아들여지지 않는다'는 의미이고 '감정 조절이 안 된다'는 뜻입니다. 저도 안 됩니다. 그 마음이 충분히 공감됩니다.

그런데 성경이 말하는 용서는 감정을 말하는 것이 아니라고 생각합니다. 한 번 상처를 입으면 용서해도 옛날과 같은 마음이 생기지 않습니다. 다시 사랑스런 마음이 들지 않습니다. 용서를 했으면 다시는 보지 말아야지, 얼굴을 대하면 옛일이 떠올라서 견디기가 힘듭니다. 그와 같은 감정을 추스르는 것도 필요하기는 하지만 그럴 수 없어서 불필요한 죄책감을 느낄 이유는 없을 것입니다.

저는 용서가 감정의 문제가 아니라 법적인 문제라고 생각합니다. 그러니까 '용서한다'는 말의 의미는 다시 친구가 된다는 것이 아니라, '받은 대로 보복하지 않기로 한다'는 것입니다. '원수 갚는 일을 하나님의 손에 맡기고 자신은

손을 대지 않겠다'는 것이라고 말할 수도 있겠지요. 상대
방이 나를 이유 없이 비방하지만 똑같이 그를 비방하지
않겠다는 의미이고, 내 오른뺨을 때렸지만 나는 그의 오
른뺨을 때리지 않겠다는 의미이고, 이에는 이, 눈에는 눈
으로 갚지 않겠다는 의미입니다.

하나님이 아시고 하나님이 보셨으니까 하나님께 그 결
과를 맡기겠다는 의지가 원수를 용서함에 담겨 있습니다.
그렇다면 원수를 용서하고 사랑하라는 주님의 요구는 정
당합니다. 우리는 하나님의 사랑을 믿을 뿐만 아니라 하
나님의 주권적인 섭리를 믿는 사람들이니까요.

원수를 위한 기도는
나를 위한 기도다

"너희 원수를 사랑하며 너희를 박해하는 자를 위하여 기
도하라"(마 5:44)라는 말씀은 어떤 의미일까요? 사실 원수
를 용서할 때 직접 보복하지 않기로 한 것이라면 이해가
됩니다. 하지만 그래서 자신의 원수가 잘되기를 위해서 기
도하고, 자신을 박해하는 사람이 복 받기를 위해 기도하

는 것은 가능하지 않을 뿐 아니라 불의합니다. 악인의 형통을 하나님이 기뻐하시겠습니까. 하나님 앞에 괜찮은 사람처럼 보이려고 애를 쓴다면 몰라도 어떻게 원수가 잘되기를 위해 기도할 수 있겠습니까. 원한이 있으면 원한을 풀어 달라고 기도해야지(누가복음 18장의 강청하는 과부처럼) 원수가 더 잘되게 해 달라고 기도할 수 있겠습니까.

어느 분이 식당을 운영하는데 후배가 찾아와 식당 일을 배우고 싶다고 했습니다. 그래서 최선을 다해서 식당 운영 노하우를 알려 주었습니다. 그런데 후배가 바로 옆에 식당을 크게 차렸습니다. 후배의 식당이 점점 더 흥하자 너무 화가 나고 억울해서 잠도 잘 수 없었습니다. 이 경우 하나님이 원수를 위해 기도하라고 하셨으니까 진심으로는 그 식당이 망하면 좋겠지만, 기도하기는 지금보다 더 잘되게 해 달라고 해야 할까요?

물론 저는 그렇게 기도할 수 있는 분들도 있다고 생각합니다. 제가 하고 싶은 말은 그렇게 기도해야 참된 그리스도인인 것은 아니라는 것입니다. 불의가 흥하도록 기도할 수는 없지요. "박해하는 자를 위하여 기도하라"는 말씀을 그들이 더 열심히 박해할 수 있도록 기도하는 사람들이 그들을 축복하라는 의미로 볼 수 없듯이, 악한 자들을 위한 기도는 악의 인정이나 용납을 그 내용으로 해서는 안 됩니다.

원수를 용서하고 박해하는 사람을 위해 기도하라는 말씀의 의미는 엄밀히 말하면, 자신을 위한 기도라고 저는 생각합니다. 원수가 악을 행할지라도 하나님이 알고 계시고 갚아 주실 것이라는 믿음이 있어서 하나님께 맡기기로 했지만, 그를 볼 때마다 원수를 갚고 싶고 복수하고 싶습니다. 이럴 때 박해하는 사람을 위해 기도하라는 말씀의 의미는 결국 우리 자신이 원수를 갚으려는 충동을 이기게 해 달라는 것입니다. 그것이 우리가 할 수 있는, 박해하는 사람을 위한 일입니다.

하나님의 주권적인 섭리를 믿지만 주님께 결과를 맡기는 일은 결코 쉽지 않습니다. 주님께 맡긴다고 하면서도 원수가 잘될 때에는 견딜 수가 없고, 우리가 힘들 때에는 생각할수록 억울해서 참을 수가 없습니다.

그래서 우리에게는 기도가 필요합니다. 주님의 주권을 인정하는 것은 치열한 영적 전쟁이기 때문에 자기를 부인하고 그리스도의 주 되심을 삶의 모든 영역에서 인정하기 위한 진실한 기도가 필요합니다. 성령의 도우심이 아니면 우리가 할 수 있는 일이 아니기 때문입니다. 지속적인 기도가 필요합니다. 우리가 경험한 분노와 상처는 그렇게 쉽게 사라지지 않기 때문입니다.

원수를 위한 기도는 결국 우리 자신을 위한 기도입니다. 원수를 위한 기도는 하나님의 주권을 인정하려는 몸부림의 기도입니다. 우리의 모든 상황에서, 심지어 너무 억울하고 답답한 상황에서도 우리에게는 그리스도를 통해 하나님이 우리 삶의 주인 되심을 인정하며 살고 싶은 간절한 마음이 있기 때문입니다.

○
주님께 맡긴다고 하면서도 원수가 잘될 때에는 견딜 수가 없고, 생각할수록 억울해서 참을 수가 없습니다. 그래서 우리에게는 기도가 필요합니다.

따라 읽는 기도_맡김

우리의 마음을 아시는 주님!

세상에 살면서 아무도 미워하지 않고 아무에게도 미움받지 않으며 살고 싶습니다. 하지만 때로는 억울한 일을 만나기도 하고 부당한 대우를 받기도 합니다. 정말 힘든 것은 우리의 감정이 원하는 대로 조절되지 않는 것입니다. 우리에게는 원수를 사랑할 능력이 없습니다. 우리에게 해를 입힌 사람에게 초연할 수 없습니다. 우리가 겪은 것을 다 아시고 보신 주님의 손에 우리가 당한 모든 일의 결과를 맡길 수 있는 믿음을 주시옵소서. 부당한 일로 지치고 마음 상한 사람들을 선대해 주소서.

나의 기도

_____

_____

_____

_____

_____

12

반복해서 기도해도
괜찮나요?

———

마 6:7

기도 생활을 하다 보면 우리의 기도가 너무 반복적이라는 데 회의를 느끼기도 합니다. 매일 똑같은 기도를 반복해서 할 필요가 있을까 싶은 생각이 들어서 기도 생활을 지속하기가 힘이 듭니다. 하나님은 같은 기도를 반복하는 것을 기뻐하실까요?

물론 기도 생활이 번거롭기 때문에 발생하는 합리적 의심일 수도 있지만, 제법 많은 경우에 실제적인 고민이기도 합니다. 목회를 하면서 헌금기도와 예배를 위한 기도를 매주 드릴 때 항상 같은 말을 반복하게 되는 한계 때문에 공중기도가 불편하고 기도를 피하고 싶어지기까지 합니다. 매주 반복되는 예배에 매번 다른 기도를 하기란 기도의 내용에 변화가 없는 한 가능하지 않습니다.

하나님이 우리가 드린 기도를 기억하지 못하시는 것도 아니고 반복해서 구하는 것을 원하시는 것도 아닌데, 우리는 왜 같은 기도를 반복해야 할까요? 예수님이 "중언부언하지 말라"(마 6:7)라고 말씀하신 것은 마치 많이 기도해야 하나님이 들으실 것처럼 생각해 횡설수설하며 반복해서 기도하는 것을 경계하신 것이라고 보아야 하지 않을까요?

의미 없이 반복하는 기도

해결되지 않은 문제는 인간의 삶과 의식 속에 여전히 남아 있습니다. 가령 육체적 질병으로 인한 고통을 안고 사는 사람은 고통을 느낄 때마다 탄식의 기도가 저절로 나옵니다. 그 고통 속에서 미사여구를 사용해 매번 표현을 바꾸어 기도하려고 하는 것은 오히려 위선적이라고 느낄 수 있습니다.

제가 목회를 할 때 기도를 많이 하는 권사님이 있었습니다. 어느 날 30대 아들이 잔디를 깎다가 심정지로 쓰러졌습니다. 너무 늦게 발견되는 바람에 의식 불명 상태가 되어 뇌사를 확인하는 검사를 받아야 했습니다. 한 시간 남짓 검사가 진행되는 동안 권사님은 단 두 마디의 기도밖에 할 수가 없었습니다. "하나님, 잘못했어요. 살려 주세요." 아마도 이 기도를 수백 번은 더 반복했을 것입니다. 길을 걸으면서도, 의자에 앉아 결과를 기다리는 동안에도 똑같은 기도를 반복했습니다.

하지만 그 상황에서 그 누구도 "하나님은 한 번만 기도하면 다 기억하시는 분인데 왜 그렇게 기도를 반복합니까"라고 말할 수 없을 것입니다. 그 기도를 '중언부언하는 기도'라고 부르지도 않을 것입니다. 진심과 간절함 때문입니다. 그 기도 외에 어떤 기도를 드릴 수 있겠습니까. 아니, 어떻게 그 기도를 반복적으로 하지 않을 수 있을까요.

결국 중요한 것은 반복이라는 행위가 아니라 의도와 마음입니다. 예배를 인도하면서 헌금기도 때마다 기도문을 만들어 놓고 똑같은 기도를 하는 것이나, 기도문을 만들지는 않지만 몇 개의 기도 패턴을 외우듯이 기도하는 것이나 크게 차이는 없겠다 싶습니다. 기도문을 읽는 것이 형식적이고 습관적으로 보일 수 있다는 위험성은 있다 하더라도, 무엇보다 중요한 것은 '기도하는 사람이 얼마나 마음을 담아서 기도를 하는가' 하는 것입니다.

매 순간 그리스도의 은혜를 기억하고, 하나님의 동행을 의식하며 살고 싶고, 눈에 보이는 것들에 마음을 빼앗기지 않기를 원합니다. 그러나 어쩔 수 없이 그렇게 살지 못하는 한계와 죄성을 경험하는 우리로서는 반복된 내용의 기도는 불가피합니다(표현을 바꾼다고 해서 내용이 달라지는 않을 테니까요). 그리고 그런 기도는 정당합니다. 이 말씀 직후에 주님이 '주기도문'으로 알려진 기도를 가르쳐 주셨는데, 이는 우리가 어떤 마음과 열망을 유지해야 하는가를 보여 주신 패턴이기 때문에 예배 중이나 개인 기도 중에 이

기도를 반복하기도 합니다.

간절함과 진실함으로 반복하는 기도는 문제가 되지 않지만, 의미 없이 반복하는 기도는 문제가 됩니다. 왜 의미 없는 반복이 문제가 될까요? 사람들은 왜 진실함도 없이 그렇게 많은 기도를 반복해서 하려고 할까요?

문제는 자기 의

이방인들이 중언부언 기도한 것(마 6:7)은 즉, 많이 기도해야 들으실 줄 알고 많이 기도한 것은 결국 하나님 앞에 잘 보여서 은총, 혹은 보상을 얻겠다는 의도에서였습니다. 물론 마음에 간절함이 있었겠지만, 그럼에도 정성과 공적으로 하나님으로부터 인정을 받아 보려는 것이었습니다.

당시 이방 종교에서 인간의 정성을 요구하는 신은 잔인하고 무정한 존재였고, 이로 인한 신적 대리인인 종교 지도자에 대한 충성과 헌신, 희생의 요구는 그들 원시종교의 일반적인 모습이었습니다. 그들은 마치 하나님 앞에서 쌓은 공적이 하나님의 도우심을 요구할 수 있는 권리라도 되는 것처럼 똑같은 기도를 반복했습니다. 예를 들어 천

번을 기도한다면, 간절함이라는 마음의 상태보다는 '천 번'이라는 정성과 공적에 더 관심이 있었습니다.

티베트 불교에서는 불경을 넣은 통인 마니륜을 한 번 돌리면 불경을 한 번 읽은 것으로 간주해서, 글을 모르는 사람들도 마니륜을 돌림으로 공적을 쌓아 신의 은총을 받을 수 있다고 믿었습니다. 이처럼 그들은 반복된 기도가 하늘에 상달될 인간의 정성을 의미한다고 믿었습니다.

그러나 예수님은 중언부언하는 기도를 하지 말라고 말씀하셨습니다. 하나님은 많이 기도해야 들으시는 분이 아니라, 구하기 전에 이미 우리에게 있어야 할 것을 아시는 분임을 강조하셨습니다(마 6:8). 물론 '그러니까 기도하지 않아도 된다'는 의미로 그 말씀을 하신 것은 아닙니다. 마치 자기의 의를 드러낸 바리새인의 기도처럼, '내가 이렇게 많이 기도했으니 하나님이 들어주셔야 할 책임이 있다'고 생각하는 것은 합당하지 않다고 지적하신 것입니다.

기도한 대로 문제가 해결되었다 할지라도 그것은 많이 기도했기 때문에, 정성이 하늘에 닿았기 때문이 아닙니다. 간절함은 너무 중요하지만 기도를 자신의 공적으로 여기는 것은 위험합니다.

정한 기도에는
아무런 문제가 없을까

그렇다면 기간을 정해서 하는 기도는 어떨까요? 요즘은 많이 축소되었지만 한때 한국 교회에는 40일 특별 새벽 기도회나 100일 철야 기도회 등이 있었습니다. 저는 고등학생 때 종종 철야 기도회에 참석했습니다. 그때 한 미혼의 성도가 100일 철야 기도를 작정했습니다. 결혼을 하게 해 달라는 기도 제목을 가지고 매일 밤 교회에 왔습니다. 제가 본 바로는, 그분은 기도를 하는 적은 거의 없고 그냥 교회에 와서 주무셨습니다.

100일 동안을 교회에서 주무셨으니까 그 희생과 정성은 정말 대단한 것이었습니다. 하지만 기도를 하나님과의 인격적인 교제, 혹은 하나님을 경험하는 것이라고 본다면 그 대상에 상관없이 매일 밤 정화수를 떠 놓고 소원을 비는 것과 크게 다르지 않았습니다.

저는 성도들이 기간을 정해서 기도하는 것은 중요하고 필요하다고 생각합니다. 일상의 삶에서는 영적으로 집중하기가 쉽지 않으니까 분주하게 살다가도 한 번쯤은 멈추어 서서 주변을 돌아보고 하나님을 더욱 묵상하고 싶은 간절함과 아쉬움이 그리스도인들에게는 있을 테니까요.

기간을 정해서 기도하는 것이 간절함의 표현이라면 당연한 발상이지만, 은연중에라도 그 기도를 미신적으로 생각하는 것은 경계해야 합니다. 미신이란 결국 신을 빙자해 자신의 이득을 취하기 위한 자기중심적인 행위이기 때문입니다.

하나님을 의식하는 기도

기도가 관계라면, 기도하는 대상에 대한 의식이 중요합니다. 하나님은 보이지 않으시고 반응하지 않으시는 것 같아 기도가 마치 독백과 같다는 생각이 들 때가 많습니다. 그럼에도 기도는 자신에게 하는 것이 아니라, 기도를 들으시는 하나님께 하는 것입니다.

특히 마태복음 6장의 문맥을 보면, 당시 유대인들이 소중하게 여긴 종교적 행위는 기도와 금식과 구제였습니다. 그런데 예수님은 이 종교적 행위의 위선을 지적하셨습니다. 하나님을 향한 행위가 기도와 금식과 구제인데, 그들은 하나님을 의식하기보다는 사람을 의식했기 때문입니다. 자신이 얼마나 경건하고 열심인가를 보여 주기 위해서 길거리에서 큰 소리로 기도하고, 구제를 할 때 나팔을 불고, 금식하는 티를 냈습니다.

사람을 의식했다는 말은 결국 기도와 금식과 구제를 자신의 공로로 여겼다는 말이고 자기중심적이었다는 뜻입니다. 예수님은 사람을 의식하는 것을 문제 삼으신 것이 아니라, 하나님을 의식하지 않은 것을 문제 삼으셨습니다. 바로 이 맥락에서 주님이 "중언부언하지 말라"고 말씀하셨으므로 하나님 앞에서든, 사람 앞에서든 자신의 의를 드러내기 위해서 기도하지 말라는 의미로 볼 수 있습니다.

반복적인 기도는 문제가 없습니다. 의미 없는 반복이 문제이고, 자기 의를 드러내는 반복이 문제이고, 대상에 대한 의식 없이 자기 자신에게 중얼거리는 듯 보이는 것이 문제입니다.

우리는 기도할 때마다 우리의 기도를 들으시는 기도의 대상이신 하나님을 의식하려고 해야 합니다. 또한 기도를 통해 정성을 쌓음으로 하나님께 나갈 수 있다고 생각하지 말고, 오직 중보자 되신 예수님의 이름으로만 기도의 특권이 부여된다는 사실을 잊지 말아야 합니다. 마지막으로, 주어진 인생의 한계에서 기도의 내용은 지속적으로 반복되겠지만 똑같은 기도라 할지라도 마음이 담긴 진실함을 유지해야 합니다.

○
반복적인 기도는 문제가 없습니다. 의미 없는 반복, 자기 의를 드러내는 반복, 대상에 대한 의식 없는 반복이 문제입니다.

따라 읽는 기도_진실함

구하기 전에 있어야 할 것을 아시는 주님!

기도가 정성을 쌓아 하나님의 은총을 얻기 위한 수단이 아니라면, 기도하는 순간마다 하나님을 의식하는 진실한 사람이 되고 싶습니다. 주님은 한 번만 기도해도 아시지만, 아니 전혀 기도하지 않아도 우리에게 있어야 할 것을 아시지만, 지속되고 반복되는 똑같은 문제에 시달리는 우리는 똑같은 기도를 하지 않을 수 없습니다. 반복해서 기도해도 귀찮아하지 않으시고 마다하지 않으시는 주님! 평생 똑같은 기도를 반복해도 동일한 마음으로 그 기도를 들으시는 주님! 반복된 기도를 멈추지 않을 수 있는 용기를 주시옵소서.

나의 기도

13

하나 됨을 위한 기도는
무엇인가요?

———

요 17:11

인간의 역사에는 전쟁과 다툼이 끊이지 않습니다. 가정에서도, 교회에서도, 국가 간에도 다툼이 있습니다. 다름으로 인한 마찰과 논쟁조차도 불편하게 여겨서, 평화로운 상태를 유지하는 것에 궁극적인 의미를 두려고 하지는 않더라도, 많은 사람을 불편하게 만드는 크고 작은 일로 인한 다툼은 가능하면 피하고 싶은 것이 사실입니다. 그래서 사람들은 하나 됨을 강조합니다. 특히 한국인은 "다름은 틀림이 아니다"라는 말이 진부하게 들릴 만큼 다양성을 강조하면서도 다름을 용납하고 함께 어우러져 사는 일에는 익숙하지 않습니다.

절대적 진리에 최고의 가치를 두는 기독교의 경우에는 정도가 더 심합니다. 진리라는 이유 때문에 다름을 용납하지 않으려는 특유의 성향 탓도 있겠지요. 하지만 비본질적인 문제조차도 진리의 문제로 합리화시키고 나면 교회에서의 분쟁은 마치 돌아올 수 없는 다리를 건넌 것처럼 화합이 요원해지게 만듭니다.

비신자들은 다투어도 술 한 잔이면 화해가 되는데 신자들은 한 번 다투면 화해할 줄 모른다는 말은 신자들은 술을 마시지 않아서 너그럽지 않다는 의미보다는 종교인들은 진리라는 명목으로 사고가 너무 경직되어 있다는 뜻일 것입니다. 가령 "설교단을 유리로 만들 것인가, 나무로 만들 것인가?"를 놓고 토론을 한다고 할 때 유용성의 문제보다는 경건함의 문제로 접근하면 어쩔 수 없이 사고가 경직됩니다.

하나 됨에 대한 오해

다툼이나 분쟁 없이 하나가 되는 것은 중요한 일이기는 하지만, 특히 그리스도인들에게는 그것이 궁극적인 원함일 수 없습니다. 하나 됨이 수단이라면 '하나 됨을 통해서 무엇을 추구하는가'가 중요하다는 말입니다. 그런 의미에서 저는 하나 되지 못함보다는 하나 됨에 관한 잘못된 이해가 더 심각한 문제이겠다는 생각이 듭니다.

오래전 조선일보 논설위원이었던 이규태 선생이 쓴 《한국인의 의식구조》(신원문화사, 논평을 모아 놓은 책)를 보면, "한국인은 개개인은 유능하고 똑똑한데 모아 놓으면 무기력해지고 무능해진다"라는 말에 대한 논평이 실려 있습니다. 그는 그렇다고 한국인이 이기적이고 단합에 무관심한 것은 아니라고 했습니다. 한국인처럼 모이기 좋아하고 함께 어우러지는 것을 좋아하는 민족도 드뭅니다. 온갖 종류의 모임(향우회, 동창회, 동호회 등)을 통해 단합하기를 좋아합니다. 그럼에도 개개인은 유능하고 똑똑한데 모아 놓으면 무능해진다는 말은 부인하기가 쉽지 않습니다.

저는 그 이유 중 하나가 하나 됨에 대한 오해 때문이라고 생각합니다. 다시 말하면, 하나 됨을 집단적 이기주의로 여기기 때문에 하나 됨을 강조할수록 배타적이 됩니다. 하나 됨은 결국 자신의 정체성을 지키기 위한 이기주의가 되고, 하나가 된다는 말은 개인의 안전지대로 다른 사람을 넣어 준다는 의미가 된다는 뜻입니다. 교회가 하나가 되자고 말하면, 이는 교회 밖에 있는 다른 이들과 차별화된 상대적 친밀함, 교인끼리의 끈끈한 관계를 의미합니다. 그러니까 하나 됨을 강조할수록 이기적이 되고, 배타적이 되고, 자신의 안전지대를 지키기 위한 견고한 울타리를 세우게 됩니다.

예수님이 바라신
진정한 하나 됨

예수님은 '대제사장의 기도'로 알려진 요한복음 17장의 기도에서 제자들의 하나 됨을 위해 기도하셨습니다. "거룩하신 아버지여 내게 주신 아버지의 이름으로 그들을 보전하사 우리와 같이 그들도 하나가 되게 하옵소서"(요 17:11하). 우리가 아는 것처럼 하나님의 삼위는 불가분의 관계입니다. 주님이 성부와 성자와 성령이 하나가 된 것같이 제자들도 하나가 되게 해 달라고 기도하셨다면, 삼위일체의 관계를 존재적으로 온전히 이해하는 것은 가능하지 않더라도 굉장히 끈끈한 관계를 의미하겠다는 것은 어렵지 않게 짐작할 수 있습니다.

하지만 주님의 이 기도가 단지 친밀한 성도의 교제를 의미한다고 보기는 어렵습니다. 성삼위의 하나 됨이 단순히 공간적 일체감을 의미한다면 성자 예수님이 하늘을 떠나 이 세상에 오시는 것보다는 하늘에 계시는 것이 더 낫습니다. 예수님이 하늘을 떠나 이 땅에 인간의 몸으로 오셔서 죄인들을 찾아가시고 그들과 일체감을 가지신 것은 존재적으로는 파격적인 이별입니다.

주님의 말씀 중 "우리와 같이"의 의미는 관계적이라기보다는 구속사적으로 이해해야 한다고 합니다. 그러니까 '죄인들을 구원하여 하나님의 자녀가 되도록 하시는 일에 있어서 성삼위 하나님이 하나가 되심으로, 성부 하나님이 구원을 계획하시고 성자 하나님이 그 계획에 순종하심으로 구원을 성취하시고 성령 하나님이 성취된 구원을 인간들에게 적용시켜 인간의 구원을 완성하시는 일에 하나가 되신 것처럼'이라는 의미인 것입니다.

예수님이 사도들이 하나가 되게 해 달라고 기도하신 것은 사도들끼리 사이좋게 지내서 예루살렘 어딘가에 살기 좋은 숙소를 장만해서 헤어지지 말고 똘똘 뭉쳐 함께 지내라는 의미가 아니었습니다. 서로 바빠서 자주는 아니더라도 일 년에 한두 번 친밀함을 유지하기 위해서 정기적으로 회동하라는 의미도 아니었습니다.

친밀함을 위한 그런 시도들이 필요 없다는 말이 아니라, 주님의 기도에 담긴 본질적 사명은 제자들끼리의 좋은 관계와 교제가 아니었다는 뜻입니다. 예수님은 "나는 세상에 더 있지 아니하오나 그들은 세상에 있사옵고"(요 17:11상)라고 기도하심으로 제자들은 여전히 세상에 있어야 한다는 점을 강조하셨습니다. 그들이 하나 되어야 하는 이유는 세상이 험하기 때문에 안전한 울타리가 필요해서가 아니라 세상에서의 사명이 있기 때문에, 그 사명을 이루기 위해서입니다.

하나 됨은 울타리를 쌓는 것이 아니라, 울타리를 허무는 것입니다. 하나 됨은 사람을 선별해서 받아들이는 것이 아니라, 사람들을 찾아가는 것입니다. 하나 됨은 한 교회의 교인들끼리의 친밀한 관계가 아니라, 이 사명 때문에 모든 교회의 교인들이 형제 됨을 인식하는 것입니다. 하나 됨은 모이는 것이 아니라 흩어지는 것이고, 흩어지기 위해서 모이는 것입니다. 하나 됨은 스가랴 선지자가 환상 중에 본 것같이, 하나님이 친히 성곽이 되심으로 성곽 없는 성이 되는 것입니다(슥 2:4).

하나 되게 하는 복음의 능력

하나 됨이 집단적 이기주의가 되는 이유는 하나 됨을 통해서 자기들의 것을 보호하려 하기 때문일 것입니다. 다시 말하면, 안에 있는 사람들이 기득권을 지키기 위해서 다른 사람들을 밀어 내려고 하는 것이지요.

교회는 진리를 말하기 때문에 사실은 훨씬 더 배타적이 될 수 있음을 인정해야 합니다. 교리적으로, 교권적으로, 교회적으로 지켜야 할 것들이 너무 많으니까요. 하지만 정작 우리가 지켜야 할 예수 그리스도의 복음은 우리를 자유하게 합니다. 종이나 주인이나, 여자나 남자나, 유대인이나 이방인이 모두 하나 되도록 만드는 것이 복음이기 때문입니다.

물론 그 차이를 무시하지 않지만 차이가 차별을 의미할 수 없는 이유는, 복음은 모든 사람에게 평등하게 임하기 때문입니다. 복음은 지켜야 할 기득권이 없습니다. 복음을 듣지 못하거나 인정하지 않는 사람들에게조차 마음을 열고 찾아가는 것이기 때문에 복음에 대한 확신은 여유를 가능하게 해 줍니다. 비록 신학적인 입장이 다르다고 하더라도 복음에 대한 확신은 형제라 부를 수 있게 하고 교제와 동역을 가능하게 해 줄 수 있습니다.

복음은 복음이 아닌 것과는 구별되겠지만, 그 차이조차도 사역과 섬김의 대상일 뿐입니다. 예수님이 죄인들을 위해서 이 땅에 오셨고, 하늘의 영광을 버리고 인간의 몸을 입으심으로 죄인들과 하나 되자고 청하신 것이 복음이기 때문입니다.

하나 됨이 개교회의 성장을 위한 수단으로 전락하고 전도가 개교회의 울타리로 사람들을 끌어들이기 위한 일종의 상업적 전략으로 간주되고 있다면, 분쟁과 다툼이 싫어서 하나 됨을 강조하는 것이 결국은 분쟁의 불씨가 될 수 있음을 간과하지 말아야 할 것입니다.

하나 되게 해 달라는 기도가 이기적인 기도가 아니라 진정한 화해와 용서, 다가감과 포용의 기도가 될 수 있기를 바랍니다. 그렇게 하나가 되기 위해서는 지혜와 인내가 필요하지만, 무엇보다 하나 됨을 전혀 다른 관점에서 볼 수 있는 복음적 열정과 자유함이 필요합니다.

그리스도를 주라 부르는 모든 교회가 복음을 전하고 실천하는 일에 대한 열정으로 하나가 되었으면 좋겠습니다.

○
하나 됨은 모이는 것이 아니라 흩어지는 것이고,
흩어지기 위해서 모이는 것입니다.

따라 읽는 기도_하나 됨

우리와 하나 되기 위해 인간의 몸을 입고 이 땅에 오신 주님! 세상에 다툼과 분쟁이 끊이지 않습니다. 사람들이 화목하고 사이좋게 지내면 좋겠습니다. 그러나 그러기 위해서는 우리부터 안전지대인 울타리를 허물고, 우리와 다른 사람들을 찾아가야 한다는 것을 알게 하소서. 하나 됨이 집단적 이기주의로 이해되지 않도록 지혜를 주시옵소서. 우리를 위한 벽을 허물지 않은 채 가정, 교회, 사회가 하나 되기를 기대하는 이기적인 마음을 버리기를 원합니다. "우리와 같이 그들도 하나가 되게 하옵소서"라고 기도하신 주님의 마음을 헤아리게 하옵소서.

나의 기도

_____

_____

_____

_____

_____

14

중보기도란 단어를
사용해도 될까요?

롬 1:9, 15:30; 히 13:18-19

목회를 하면서 기도와 관련해 받았던 많은 질문 중에 중보기도에 관한 것들이 제법 있었습니다. '중보'의 사전적 의미는 "두 사람 사이에서 일이 성사되도록 주선하는 사람"(표준국어대사전)입니다.

대체로 "사람이 다른 사람을 위해서 기도하는 것이 가능한가?"라는 질문에는 이의가 없겠지만, "그와 같은 기도를 '중보'라고 불러도 되는가?"라는 문제에는 심각한 의견의 차이가 있습니다. 신학적인 입장에는 크게 차이가 없지만 용어 사용에서 차이를 보이는 것이라서 이 문제는 신학적인 접근보다는 언어학적인 접근이 필요하겠다 싶습니다. 하지만 일단은 신학적인 입장을 다루고, 그 후에 언어학적인 입장을 생각해 보도록 하겠습니다.

중보에 관한 신학적 입장

사도 바울은 디모데전서에서 이렇게 말했습니다. "하나님은 한 분이시요 또 하나님과 사람 사이에 중보자도 한 분이시니 곧 사람이신 그리스도 예수라"(딤전 2:5). 이 말씀은 보기에 따라서는 상당히 난해할 수도 있습니다. 하나님은 한 분이심을 강조하고, 하나님과 사람 사이에 중보자도 유일하게 한 분이신데, 그분이 사람이라고 말하고 있어서 마치 예수님은 하나님과 사람 사이에 유일하게 중보가 될 수 있는 사람이시라는 의미로 볼 수도 있으니까요.

하지만 성경 전체의 가르침을 볼 때, 우리는 바울의 이 말의 의미는 "하나님이 어떻게 동시에 사람이 되실 수 있는가?"라는 신학적인 문제를 다루는 것이 아니라, '오직 그리스도만이 하나님과 인간 사이의 중보자로서 대속의 제물이 되실 수 있는 분'임을 강조하는 것이라는 사실을 어렵지 않게 알 수 있습니다. 인간이 하나님께 나갈 수 있고 하나님께 죄 사함을 받을 수 있는 유일한 길은 오직 예수 그리스도를 통해서입니다. 따라서 그리스도만이 하나님과 사람 사이의 유일한 중보자가 되실 수 있습니다.

문맥을 보면, 임금들과 높은 지위에 있는 모든 사람이 구원을 받고 진리에 이를 수 있도록 간구와 기도와 도고와 감사를 해야 하는데(딤전 2:1-2), 그 이유는 사람이 구원에 이르는 길은 오직 그리스도를 통해서이기 때문입니다. 그러니까 비록 전도하기 어려운 상황이지만 높은 지위에 있는 사람들을 위해서도 기도를 멈추지 말아야 하는 이유는 그들을 구원할 수 있는 유일한 길은 그들의 지위나 권력이 아니라, 예수 그리스도를 통해서이기 때문입니다.

바꾸어 말하면, 군왕과 높은 지위에 있는 사람도 그리스도를 필요로 하고, 누군가가 그들을 위해 기도한다 하더라도 기도하는 사람이 중보자가 되어서 구원을 가능하게 하는 것이 아니라, 오직 그리스도를 통해서만 구원이 가능하다는 뜻입니다. 기도하는 사람은 중보자가 될 수 없습니다.

재미있는 것은, 바울이 영혼의 구원을 위해 간구와 기도와 도고와 감사를 하라고 말한 것입니다. 여기서 말하는 간구와 기도와 도고와 감사는 모두 다른 사람들을 위한 것, 특히 다른 사람들의 구원을 위한 것이라고 볼 수 있습니다. 여기서 이 네 기도가 어떻게 다른지 구분하는 것은 가능하겠지만, 그보다 중요한 것은 바울의 의도입니다. 바울은 기도의 여러 종류를 구분해서 영혼 구원을 위해 기도할 때 필요한 특별한 요소들을 언급하려 했다기보다는, 기도를 가리키는 여러 단어들을 이야기함으로 기도의 중요성을 강조했다고 보는 편이 더 그럴듯해 보입니다.

다시 말하면 이렇습니다. '간구'는 필요를 위한 기도, '도고'는 남을 위한 기도, '기도'는 관계를 확인하는 기도, '감사'는 하나님께 영광을 돌리는 기도라고 구분해서 설명하는 것도 가능합니다. 하지만 이렇게 번역된 헬라 단어들은 '기도'를 가리키는 단어와 호환해서 사용될 수 있다는 점에서, 모든 기도는 결국 위정자들을 비롯한 모든 사람이 유일한 중보자이신 예수 그리스도께 나아올 수 있도록 하기 위한 것이라고 볼 수 있습니다.

어떤 영어 번역본에서는 한글 성경에 "도고"라고 번역된 '기도'를 "intercession"이라고 기록했습니다. 그래서 일반적으로 '다른 사람을 위한 기도'를 '도고'라고 부릅니다.

중보에 관한 언어학적 입장

단어를 원래의 의미대로 정확하게 사용하는 것은 참 중요합니다. 하지만 단어의 의미는 종종 문화와 시간에 따라서 변하기도 합니다. 그래서 한 문화권에서 사용하는 일반적인 의미와 어원적인 원래 의미 사이에 차이가 생길 수 있습니다.

예를 들어서, 누가 "세수(洗手)를 했다"고 말하면 사람들은 "손을 씻었다"는 말로 들을까요, 아니면 "얼굴을 씻었다"는 말로 들을까요? 언어를 의미대로 사용하기 원하는 사람들은 "'세수'라고 말하기보다는 '세안'(洗顏), 혹은 '세면'(洗面)이라고 말해야 한다"고 주장하는데, 틀리지 않다고 생각합니다.

하지만 동시에 언어는 주어진 문화에서 일반적으로 통용되는 의미에 따라 변천하기도 하기에 그 단어를 사람들이 어떤 의미로 듣고 있는가도 중요합니다. '세수'의 뜻은 '손을 씻다'라서 정확하게는 '세면', 혹은 '세안'이라고 해야 '얼굴을 씻다'라는 의미가 되겠지만, 사전에서도 이 단어를 "손이나 얼굴을 씻음"(표준국어대사전)이라고 그 뜻을 풀이합니다. 그것이 일반적인 용법이기 때문입니다.

교회에서는 영어 'mediator'를 가리키는 헬라어를 "중보자"라고 번역했고, 영어 'intercession'을 가리키는 헬라어를 "도고"라고 번역했습니다. 하지만 도고라는 단어가 일반적인 단어가 아니었기 때문에 언제 누가 시작했는지는 모르지만 'intercession'도 "중보"로 번역했습니다. 애초부터 자칫 발생할 수 있는 오해를 염두에 두었어야 하는데 잘못 사용함으로 혼란을 야기한 것입니다.

이 단어의 원래 의미는 결코, 그리스도 외에 다른 사람이 하나님과 인간 사이에 중보자가 될 수 있다는 것이 아니었습니다. 잘못된 사용이지만 한 문화권 안에서 특정한 의미로 자리매김을 하면 되돌리기가 쉽지 않습니다. 일반적으로 통용되는 단어의 의미가 원래의 의미보다 더 가깝게 다가오니까요.

중요한 것은 기도의 자세

저는 개인적으로 대부분의 사람들이 '중보기도'라는 용어를 사용할 때 그 의미는 '도고'라고 생각합니다. 그래서 의미가 확실하다면 '중보기도'라는 말을 사용하는 것에 대해 크게 불편하거나 판단하고픈 마음은 없습니다(더 정확한 단어가 있어서 한 문화권 안에서 정착됨으로 오해의 소지가 없었으면 하는 바람이 간절하지만).

제게 더 불편한 것은 '중보'라는 단어를 사용하는 것이 아니라, '사람도 중보자가 될 수 있다'는 인식입니다. 목회를 할 때 기도를 부탁하는 분들 중에 "저는 부족해서 하나님이 기도를 듣지 않으시겠지만 목사님은 하나님과 가까우시니 목사님의 기도는 꼭 들어주실 겁니다"라고 말하는 분들이 있었습니다. 저는 '중보'라는 단어보다 그 말이 더 불편했습니다. 마치 하나님과 인간 사이에 계급적이고 신분적인 지위가 있어서 목사가 하나님과 더 가깝고 하나님이 그 기도를 더 잘 들어주신다고 생각하는 것은 그를 중보자로 여기는 것과 다름이 없기 때문입니다.

누구도 중보자가 될 수 없습니다. 목사가 하나님과 교인 사이에 중보자가 될 수 있다는 의식이 훨씬 더 위험합니다. 하나님은 모든 사람의 기도를 동일하게 들으십니다. 우리가 하나님께 기도할 수 있도록, 하나님을 "아버지"라고 부를 수 있도록 만드시는 유일한 중보자는 예수 그리스도뿐이십니다.

중보기도는 어떤 권위나 신분 때문에 누군가를 대신할 수 있는 사람의 기도가 아닙니다. 중보기도는 고난과 아픔에 처한 사람들의 고난과 아픔에 동참해서 함께 기도한다는 의미이지, 대신할 수 있는 특별한 자격이 주어진 기도라는 의미가 아닙니다. 설령 '도고'라는 단어를 사용한다고 해도 목사나 기도자가 하나님과 더 가깝거나 그에게 특권이 있다고 생각하는 것은 굉장히 위험하고 비성경적인 발상입니다.

다른 사람을 위해서 기도할 수 있는 사람은 더 거룩하거나, 하나님과 더 가까운 사이거나, 신분적으로 더 높은 사람이 아닙니다. 오히려 다른 이들의 아픔과 필요에 동참하고 함께하려는 마음을 가진 사람입니다. 우리가 기도할 수 있는 자격은 유일한 중보자이신 예수 그리스도에게서 오는 것이지, 기도하는 사람의 신분과 영성에서 오는 것이 아닙니다.

　그래서 저는 '중보기도를 하는 이들이 중보라는 단어를 사용해야 하는가'보다 '어떤 자세와 마음으로 다른 사람들을 위해 기도하는가'가 훨씬 더 중요하고 심각한 문제라고 생각합니다. 자신의 기도를 하나님이 더 잘 들어주실 것이라고 생각하거나, 신분과 지위에 의해서 하나님과 더 가까이에 서 있을 수 있다고 생각하는 것은 '도고'라는 용어를 사용해서 언어적으로 문제가 없어 보일지라도 명백한 신학적 오류입니다.

　오직 그리스도만이 중보자가 되시지만, 우리는 고난과 아픔 가운데 있는 사람들의 고난과 아픔에 동참해서 한마음이 되어 함께 그리스도를 통해 하나님께 나갈 수 있습니다. 이것이 가장 중요합니다.

○
기도의 자격은 유일한 중보자이신 예수 그리스도에게서 오는 것이지,
기도하는 사람의 신분과 영성에서 오는 것이 아닙니다.

따라 읽는 기도_동참함

오직 그리스도를 통해서 우리의 기도를 들으시는 주님!
세상에는 아픔을 경험하며 사는 사람이 너무나 많습니다. 방황하는 사람도, 아직 주님을 몰라서 주님을 대적하는 사람도 많습니다. 그들을 마음에 두고 그들을 위해 기도하는 우리가 되게 하여 주시옵소서. 또한 그러한 기도를 가지고 주님께 나갈 수 있는 것은 우리의 선함이나 긍휼히 여기는 마음 때문이 아니라, 유일한 중보자 되신 예수 그리스도의 이름으로만 가능한 것을 알게 하소서. 그리하여 우리의 부족과 허물에도 불구하고 다른 사람을 위한 기도를 멈추지 않게 하시옵소서.

나의 기도

_____

_____

_____

_____

15

안수기도 받으면
성령의 능력을 받나요?

마 19:13-15

오래전에 한 교회를 방문했는데 교회 생활에 아주 열심인 권사님 한 분이 제게 안수기도를 해 달라고 했습니다. 제가 조금 당황스러워서 망설였더니, 그분은 생각이 맞고 존경하는 목사들에게 안수기도를 받아 그들로부터 영적인 기운을 얻는다고 했습니다. 그렇게 하면 악한 영이 틈타지 않고 신령한 이들의 영적 기운이 자기를 지켜 준다는 것이 그분의 신념이었습니다. 저보다 나이가 많은 여성도의 머리에 손을 얹고 기도하는 것도 불편했는데, 안수기도를 받으려는 이유를 듣고 나니까 더욱 하면 안 될 것 같아서 거절했던 적이 있습니다.

임직식 때의 안수기도

일반적으로 교회에서는 임직식 때 목사나 장로, 혹은 집사에게 안수를 합니다. 이 경우 안수는 하나님이 부르시고 세우셨다는 것을 보여 주기 위한 일종의 기름 부음과 같은 역할을 합니다. 구약 시대에는 왕이나 제사장, 혹은 선지자를 세울 때 기름 부음을 통해서 하나님이 그를 부르셨음을 확인했습니다.

현재의 목사나 장로, 혹은 집사가 구약 시대 왕이나 제사장, 선지자와 같은 위치라는 의미로 이해해서는 안 되겠지만(그리스도가 왕과 제사장, 그리고 선지자로서 이 땅에 오심으로 그분 안에서 모든 사람이 왕, 제사장, 선지자가 되게 하셨으므로), 직분자를 세우면서 하나님의 부르심을 교회적으로 확인하고 인준하는 것은 여전히 유효합니다. 바울도 디모데를 세우면서 안수를 했으니까요. 그러니까 안수를 기름 부음으로 이해하는 것은 위험하지만, 특별한 일을 위해 직분자로 세우면서 예식으로 안수를 하는 것은 가능하다고 볼 수 있습니다.

바울이 디모데후서에서 한 말이 흥미롭습니다. "내가 나의 안수함으로 네 속에 있는 하나님의 은사를 다시 불 일 듯하게 하기 위하여 너로 생각하게 하노니"(딤후 1:6). 언뜻 보면 하나님이 주신 은사를 불 일 듯하도록 하기 위해서 안수를 하겠다는 뜻으로 읽을 수도 있습니다. 하지만 제가 이해하기에는, 바울이 디모데를 사역자로 세우면서 안수를 했을 때 그 마음에 있던 은사들, 즉 능력과 사랑과 절제하는 마음으로 사역을 감당하고자 했던 열정과 능력을 다시 생각나게 함으로 디모데로 하여금 두려움 없이 고난에 동참하게 하려는 권면입니다.

따라서 안수함으로 은사를 주겠다는 말이 아니라, 안수할 때 받았던 은사, 즉 그 사역을 감당하게 하시는 성령의 부르심과 세우심을 다시 기억하라는 뜻입니다. 이 경우 안수는 직분자로의 부르심을 교회적으로 확인하는 일입니다. 그렇기 때문에 하나님이 한 사람을 직분자로 부르셨는지, 소명을 확인하기 위해서는 '하나님이 그에게 사역에 대한 열정을 주셨는가'와 '교회가 직분자로서 교회에 유익을 줄 만한 은사를 확인했는가', 그리고 '교회에서 그를 인정하여 직분자로 불렀는가'를 살펴보아야 합니다. 직분자로 세우면서 안수를 하는 것은 교회가 그에게 사역을 위임한다는 유형 교회에서의 예식적 행위이지 성령을 받도록 만드는 행위는 아닙니다.

성령의 능력이 전이되는 안수기도?

안수기도는 성령의 능력이 전이되도록 하는 수단이라는 표현을 들은 기억이 있습니다. 그러니까 안수기도를 할 때 기도하는 사람의 몸 안에 계신 성령이 기도를 받는 사람의 몸 안으로 옮겨지신다는 것인데, 이렇게 이해하는 것은 대단히 위험합니다.

아마도 사람들이 이렇게 생각하도록 하는 데 어느 정도 영향을 끼쳤던 것은 구약 시대에 속죄제를 드릴 때 제물에 안수함으로 죄가 제물에 전이되도록 하고 제물을 죽이거나, 아니면 광야로 보내는 아사셀 염소처럼 멀리 가도록 내버려 두어서 죄가 멀어지도록 한 사건이 아닐까 싶습니다. 하지만 그것은 우리의 죄가 그리스도에게 전가되어서 그리스도가 우리의 죄를 대신해 돌아가심으로 속죄하신 것을 예표적으로 보여 주는 것이지, 안수한다고 실제로 죄가 제물에게 전이되지는 않습니다.

더욱이 성령의 역사를 신학적으로 이해하지 않고 공간적으로 이해하는 것은 시공을 초월하시는 성령 하나님에 대한 심각한 신학적 오류입니다. 오순절 성령 강림도 신학적인 의미로 이해해야지, 성령이 그날 천국에서 지구로 오신 것이라고 볼 수 없습니다. 요한복음의 기록을 보면, 보혜사 성령을 약속하신 예수님이 부활하신 후에 제자들에게 나타나셔서 숨을 내쉬며 "성령을 받으라"(요 20:22) 하셨습니다. 그날 성령이 임하셨다고 말한다면 그것 역시도 공간적인 의미로 이해해서는 안 될 것입니다.

성령은 손 얹음을 통해 옮겨 다니시는 분이 아닙니다.

예수님이 기적을 행하실 때 안수하신 적은 있지만(마 9:18, 25, 14:34-36; 막 6:5, 56), 예수님이 언제나 안수기도를 통해 병을 고치신 것은 아닙니다. 이 사실은 병 고치기 위한 수단으로 예수님이 안수하신 것은 아님을 보여 줍니다.

예수님의 안수기도에 담긴 친밀함

한번은 사람들이 아이들을 예수님께로 데리고 왔습니다. 예수님께 안수기도를 받기 위해서였습니다. 그때도 아이들을 향한 부모의 열심은 대단했었나 봅니다. 그런데 제자들이 부모들을 꾸짖으면서 예수님께 가까이 오지 못하게 했습니다(막 19:13).

무엇 때문에 제자들이 그 부모들을 꾸짖었는지는 확실치 않습니다. 그렇게 안수를 받는다고 구원이나 복을 받게 되는 것이 아니라는 신학적인 입장 때문이었을까요? 아니면 예수님은 피곤하신데 너무 이기적으로 자기 유익만 생각하는 군중들이 괘씸해서였을까요? 아니면 아이들을 대수롭지 않게 여겨서 아이들과 여자들이 주님께 가까이 오지 못하도록 한 것일까요?

이유가 분명하지는 않지만, 주님이 "어린아이들을 용납하고 내게 오는 것을 금하지 말라"(마 19:14)고 말씀하신 것을 봐서는 제자들에게 아이들을 무시하고 소홀히 여기는 마음이 있었다고 보는 것이 제일 무난하기는 합니다.

제가 궁금한 것은 '부모들이 왜 자기의 자녀들이 예수님께 안수기도 받기를 원했을까?' 하는 것입니다. 예수님은 자녀들을 위해 기도하시면서 이 세상에서 형통하고 잘되기를 위해서 기도하기보다는 하나님의 자녀답게 살기를 원하셨을 것이라고 짐작하자면(예수님은 한 번도 제자들이 이 세상에서 형통하고 잘되기를 기대하지도 요구하지도 않으셨으니까요), 부모들의 원함과 예수님의 기도는 달랐을지도 모릅니다. 하지만 예수님은 어린아이들이 가까이 오는 것을 금하지 않으셨습니다. 그리고 그들에게 안수기도를 해 주기를 원하셨습니다.

예수님의 안수기도는 예수님 안에 거하시는 성령이 아이들에게 전이되도록 하는 것이 아니라, 친밀함을 의미했습니다. 예수님은 아이들도 천국에 속한 소중한 백성임을 알려 주시고 그들을 품어 주기를 원하셨던 것입니다.

누군가의 머리에 손을 얹고 기도한다면 이는 마치 지체의 일부처럼 '기도하는 사람과 하나가 되겠다'는 제스처입니다. 예수님이 어린아이들에게 안수하신 것은 그들을 향한 하나님의 사랑을 보여 줍니다. 우리도 기도할 때 안수하는 것이 가능하다고 생각합니다. 하지만 함께 기도하는 사람들이 하나가 되는 친밀함, 그 이상의 의미를 부여해서는 안 될 것입니다.

진실한 마음으로 손을 잡고 기도하기도 하고, 어린아이라면 머리를 붙들고 기도하기도 하고, 어깨에 손을 얹고 기도할 수도 있을 것입니다(이 경우도 자칫 상대방에게 성적 수치심을 유발하거나 불쾌함을 줄 수 있기에 신중해야 하겠지만). 하지만 마치 안수기도가 능력을 나타내는 수단이라도 되는 것처럼 상처 부위를 만진다든지(안수기도는 아니지만, 청년 때 제 다리의 장애를 위해 기도해 준 목사님이 제게 다리에 손을 얹으라고 한 적이 있습니다), 세게 누른다든지, 심하게 때린다든지, 혹은 무작위로 머리를 치면서 지나가는 것은 마땅하지 않습니다.

성경에 기록되어 있다는 이유로 위험한 행위들이 정당화될 수 없습니다. 성경도 당시 문화 안에서 기록되었기 때문에, 문화적인 요소들을 절대적인 원칙으로 삼을 수 없습니다. 마치 성경이 기록되었던 당시 여성들이 기도할 때는 머리를 가려야 했기 때문에 지금도 여성들은 머리를 가리고 기도해야 한다고 주장할 수 없듯이 말입니다.

환자를 찾아가서 기도하면서 몸에 손을 얹거나 손을 붙잡고 기도하는 것은 그가 경험하고 있는 고통과 어려움에 동참하고 함께하고 싶다는 사랑의 표현일 뿐이라서 엄밀히 안수기도라고 부를 수 없겠지만, 몸에 손을 얹고 기도함이 안수기도라고 광범위하게 정의한다면 안수기도는 함께함, 동참함을 의미하겠다고 생각합니다. 그런 의미라면 아무에게나 안수를 받지 않는 것은 당연한 일이고, 친밀한 관계라 할지라도 신체적 접촉이 불편하다면 안수를 거절하는 것도 당연한 일일 것입니다.

안수기도는 성령이 기도하는 사람의 몸에서 나가시거나 성령이 특별한 일을 하시도록 만드는 수단이 아닙니다.

○
예수님의 안수기도는 친밀함을 의미했습니다. 어린아이도 천국에 속한 소중한 백성임을 알려 주시고 그들을 품어 주기를 원하셨던 것입니다.

따라 읽는 기도_안수의 의미

우리를 일꾼으로 부르시고 세우시는 주님!

주님이 우리를 부르실 때 주셨던 담대함과 진실함으로 사역을 감당하기 원합니다. 임직자로 세우며 안수하실 때 허락하신 헌신과 순종의 마음이 다시 기억나게 해 주시옵소서. 하나님의 은혜를 구하는 사람들을 위해 간구할 때 그들과 한마음이 되어 진실함과 친밀함으로 기도할 수 있기를 소원합니다.

나의 기도

_____

_____

_____

_____

_____

16

기도의 대상을
잃어버린 걸까요?

———————

마 6:9; 딤전 2:1-2

말에는 예의가 있습니다. 말을 하는 자세도 중요하지만 말의 순서도 중요합니다. 처음 보는 사람에게 "실례하지만", "죄송하지만"을 먼저 말하지 않고 대뜸 부탁을 하는 것은 무례한 행동입니다. 많은 경우에, 말에 예의를 갖추는 것은 상대방에 대한 존중을 의미하기도 하고, 말하는 사람의 부탁과 요구가 관철되도록 하기 위한 처세술을 의미하기도 합니다.

어른에게 말을 하면서 먼저 안부를 묻지 않는 것은 상대방에 대한 예의가 아니고, 관공서에 가서 배려 없이 자기가 할 말만 하는 것은 상대방을 불쾌하게 만들어서 정당한 대우를 받지 못하게 만드는 원인이 될 수 있습니다. 간단하고 사소한 메시지를 보낼 때에도 먼저 안부를 묻는 것이 예의입니다.

그렇다면 하나님께 기도할 때는 어떨까요? "하나님, 안녕하셨지요?"라고 안부를 여쭙고 본론에 들어가는 것이 마땅하지 않을까요? 기도에서는 '안부'라기보다는 '하나님께 감사와 영광을 돌리는 것'으로 표현될 것입니다. 그래서 아무리 급하고 절실한 문제가 있더라도 먼저 하나님을 높여 드리는 말을 하는 것이 기도의 예의라고 생각하는 분들도 있을 것입니다.

제가 청년 때는 기도의 순서로 'ACTS'를 말하곤 했습니다. 이 순서는 어쩌면 기도의 예의였겠다 싶은데, 기도를 할 때는 제일 먼저 하나님의 이름을 높이고(Adoration), 그다음에 죄를 고백하고(Confession), 하나님이 행하신 일들에 대해 감사를 드린 후에(Thanksgiving), 원하는 것을 간구해야 한다고(Supplication) 배웠습니다.

저는 이것을 논리적인 순서로는 충분히 공감할 수 있는데, 기도의 실제적 순서라야 한다거나 심지어는 마지막 간구를 위한 예의라고 생각할 때에는 아쉬운 마음이 듭니다. 기도를 할 때는 첫마디가 "하나님, 제가 또 범죄했습니다"일 수도 있고, "하나님, 너무 힘이 듭니다"일 수도 있을 테니까요.

실제로 다윗의 기도도 그렇습니다. 첫마디에 원수로 인한 고통을 토로하기도 하고, 죄를 고백하는 경우도 있고, 여호와는 산성이시며 방패이시라고 그분의 이름과 행하심을 찬양하며 시작하는 경우도 있습니다.

기도의 예의

그럼에도 저는 기도에 예의가 있어야 한다고 생각합니다. 이 예의는 물론 상대방에 대한 마음의 자세에서 비롯되는 것이겠지요. 제가 청년 때 가까이 지내던 친구가 있었는데 그에게는 '하나님과는 허물이 없이 가까운 사이여야 한다'는 소신이 있었습니다. 언젠가 한번은 그가 기도 모임에 술을 마시고 참석한 적이 있습니다. 돌아가면서 한 명씩 기도를 하는데 그의 차례가 되었습니다. 그 친구가 기도를 하면서 나온 첫마디가 술 취한 목소리로 "하나님, 오늘 우울해서 한 잔 했습니다. 아시죠, 제 마음?"이었습니다.

당시 저는 제법 충격을 받고 꽤 많은 생각을 했습니다. 물론 그것은 함께 모여 있는 친구들에게도 예의가 아니었지만 하나님 앞에서도 무례함이었겠다 싶었습니다. 솔직함과 무례함은 다른 것이니까요. 하나님은 우리의 좋은 친구가 되시고 우리의 모든 사정을 다 아시고 이해하시는 분이지만, 친근하고 가깝다고 해서 무례해도 되는 것은 아닙니다. 당시 그 친구의 마음이 어땠는지는 제가 모르니까 틀렸다, 맞았다 판단할 위치에 있는 것도 아니고,

그런 기도는 하나님이 듣지 않으신다고 단정해서 말할 수 없겠지만, 정말 중요한 것은 하나님을 대하는 우리의 자세입니다.

물론 그래서 기도의 문장마다 극경칭을 사용해야 한다는 말은 아닙니다. 그러나 기도할 때 하나님을 대하는 기본적인 자세에는 긴장이 있어야 한다고 생각합니다. 어떤 분이 주기도문을 강해하면서 "하늘에 계신 우리 아버지"(마 6:9)에 우리의 모든 기도가 다 담겨 있다고 말한 것처럼, 하나님은 우리가 도저히 다가갈 수도, 가까이할 수도 없는 "하늘에 계신" 분이시고, 그럼에도 우리를 찾아오셔서 우리를 품어 주신 "우리 아버지"이십니다.

하나님이 우리를 위해 낮아지시고 우리와 같이 되셨다고 해서 우리가 만만히 대할 수 있는 분이 아니십니다. 하나님은 창조주이시고 우리는 피조물이라서 그 구분이 명확하지만, 그래서 감히 다가갈 수 없는 멀리 계신 분도 아닙니다.

우리는 기도할 때마다 우리의 기도를 들으시는 이 대상에 대한 바른 인식과 그 인식에서 비롯된 바른 자세를 가져야 합니다. 기도의 격식이란 단지 겉으로 나타나는 체면치레나 형식을 의미하는 것이 아니라, 대상에 대한 마음의 자세를 의미합니다. 결국 문제는 기도를 하면서 우리가 기도하는 대상을 염두에 두지 않는 경우가 많다는 것이겠지요.

하나님을 믿지 않는다고 공공연히 말하는 어느 분이 한번은 차 사고가 났는데 아무도 다치지 않았다면서 너무 감사하다고 말했습니다. 제가 그분께 물었습니다. "누구한테요?" 이런 감사는 상황에 대해 만족스러운 마음의 상태를 가리킬 뿐 대상이 없습니다. 기도가 혹 그렇지는 않을까요? 마음의 상태를 절실하게 표현하고 있다고 하더라도 대상을 의식하지 않는 기도라면 어떨까요?

기도의 종류

사실 기도의 종류를 회개의 기도, 감사의 기도, 찬양의 기도, 간구의 기도 등으로 논하는 것은 한계가 있습니다. 우선은 실제 기도 생활에서 이런 구분은 그리 큰 의미가 없습니다. 오늘은 회개의 기도를 하겠다고 해서 회개의 기도만 하고, 내일은 간구를 하겠다고 해서 간구만 하게 되는 것은 아니니까요. 게다가 회개가 곧 감사가 되고, 감사가 곧 간구가 되는 경우도 있을 것입니다.

또한 바울이 디모데전서 2장 1절에서 언급한 네 가지(간구와 기도와 도고와 감사)는 네 가지 종류의 기도가 있다고 말하는 것이 아니라, 일반적으로 우리가 하는 '다른 사람을 위한 기도'에 대한 언급입니다. 모든 사람을 위해 기도하되, 특히 위정자들을 위해 기도하라는 것이 바울의 말의 의도입니다. 그러니까 기도의 종류를 논한다기보다는 위정자들을 위한 기도를 여러 단어로 거듭 강조해서 말한 것이라고 보는 것이 합당합니다. '간구'는 우리의 필요를 위한 기도이고, '도고'는 상대방을 위한 기도라고 구분하는 것이 본문의 문맥에서는 그리 큰 의미가 없어 보인다는 말입니다. 어차피 이 말씀의 문맥은 모든 사람을 위한 기도니까요.

다른 사람을 위해서 기도할 때 우리는 그들의 필요를 위해서 구하기도 하고, 그들을 인도하시는 하나님께 감사하기도 하고, 그들의 죄를 대신해서 용서를 구하기도 합니다(물론 우리가 그들의 죄를 대신 회개함으로 그들의 죄가 사함을 받을 수 있다는 의미가 아니라, 그들의 죄로 인해 발생하는 문제들에 동참한다는 의미입니다. 유대 백성이 바벨론에 포로로 잡혀갔을 때 그들의 조상의 죄를 기억하며 하나님 앞에 회개했듯이 말입니다).

종류와 순서보다 중요한 것

결국 이 본문에서 특히 위정자들을 위한 기도(딤전 2:2)는 '그들이 권력을 가지고 역사와 현실을 주관하는 것 같지만, 사실은 하나님이 역사와 현실을 주관하신다'는 인정입니다. 열악한 환경에서 믿음 생활을 해야 하고 로마의 황제가 기세등등하게 그리스도인들을 핍박하는 상황이지만, 역사를 주관하시는 분은 그들이 아니라 하나님이시기에 경건한 믿음 생활을 할 수 있도록 위정자들을 위해 기도하라는 것입니다.

여기서도 바울이 강조하고 있는 바는 궁극적으로 평안하고 조용한 경건 생활이 아닙니다. 하나님의 다스리심에 대한 인정입니다. 다시 말하면, 로마가 기독교 국가가 되어서 교회가 어려움 없이 부흥하게 해 달라는 기도가 아니라, 그 모든 상황에서 하나님의 다스리심을 인정함으로 교인들의 경건함에 흔들림이 없게 해 달라는 기도입니다.

바울은 핍박이 두려운 것이 아니라 핍박으로 인해 믿음이 흔들리는 것이 두렵고, 행악자들의 횡포가 겁이 나는 것이 아니라 그들이 하나님의 다스리심에 도전하는 것에 속이 상했던 것입니다. 그러니까 좋은 위정자를 만나서 평안할 때만 감사하는 것이 아니라, 악한 위정자를 만났을 때에도 하나님이 여전히 그를 주관하시는 분이라는 인정 때문에 감사의 기도를 할 수 있는 것입니다.

가난하고 부한 모든 사람, 건강하고 약한 모든 사람이 그들의 삶 속에서 하나님의 다스리심을 인정하여 하나님께 그 삶을 맡길 수 있도록 우리는 기도해야 합니다. 감사이든, 도고이든, 간구이든 기도의 결국은 하나님에 대한 인정입니다.

기도를 할 때마다 제가 쉽게 빠지는 함정은 기도하고 있는 기도의 대상이신 하나님을 인식하지 못한 채 구하고 있는 내용에만 집중하는 것입니다. 사람과 대화를 할 때에도 대상이 누군가에 따라서 어투가 달라지고 자세가 바뀝니다. 무슨 말을 할 것인가는 누구 앞에 서 있는가에 달려 있습니다.

따라서 기도의 종류, 기도의 순서 등 모두 필요하다 싶지만, "하늘에 계신 우리 아버지"라는 기도의 대상에 대한 바른 인식으로 인한 긴장이 무엇보다 중요하겠다 싶습니다. 먼저 회개를 하든, 먼저 감사를 하든, 아니면 필요한 것만 구하든 기도가 독백이 아니라면, 모든 기도에 누구에게 기도하는가를 의식하고 기도를 들으시는 하나님의 다스리심에 대한 인정을 놓치지 말아야 할 것입니다.

누구에게 기도합니까? 역사의 주관자가 되시고, 우리 삶의 주인 되시고, 우리를 위해 그 아들을 내어 주심으로 우리를 사랑하신 하나님을 의식하며 그분 앞에서 마음과 입을 열고 싶습니다.

○
누구에게 기도합니까?
하나님을 의식하며 그분 앞에서 마음과 입을 열고 싶습니다.

따라 읽는 기도_기도의 격식

하늘에 계신 우리 아버지!
사랑하는 사람과 대화하듯 기도하고 싶습니다. 우리의 일상, 세상 돌아가는 이야기, 이웃에 관한 이야기까지 하나님을 의식하고 기도하고 싶습니다. 벽을 보고 말하듯 대상 없이 마음만 쏟아 내는 기도가 아니라, 우리 삶의 주인 되시며 아버지가 되시는 좋으신 하나님을 기도할 때마다 마음에 떠올리게 해 주소서. 기도할 때마다 하나님 앞에 앉기를 원합니다.

나의 기도

Step 3

더
깊은
기도

17

병중에 하나님께 가까이 간
히스기야의 기도

사 38:1-8

사람을 좌절시키고 힘들게 만드는 것 중에 하나는 몸에 병이 생기는 것입니다. 병은 단순히 불편함만을 주는 것이 아니라 인간의 한계를 경험하게 하기 때문에 불안과 두려움, 그리고 절망을 가져다줍니다. 하나님이 이 같은 인간의 절망을 영생을 통해서 궁극적으로 해결해 주셨더라도, 우리가 이 땅을 살아가는 동안에는 항상 병으로 인한 불편과 끝일 수 있겠다는 허무함에 외로움과 두려움을 느끼게 되지 않을까 싶습니다. 병들었을 때 기도하지 않을 수 없는 이유이겠지요.

하지만 그럼에도 '병중에 어떤 기도가 합당한 기도일까?'는 늘 고민이 됩니다. 어떤 기도를 해야 할지가 고민인 이유는 고난을 통한 하나님의 원함이 무엇인지를 알지 못하기 때문일 것입니다. 하나님이 고난을 허락하시는 이유는 성경을 보아도 참 다양합니다. 하나님의 능력을 보여 주시기 위함이라면 고쳐 달라고 기도해야 할 것이고, 쉼을 위한 것이라면 마음의 평안과 하늘의 소망을 위해 기도해야 할 것이고, 징계를 위한 것이라면 회개를 해야 할 것입니다.

그런데 우리는 고난을 통한 하나님의 뜻을 알 수 없습니다. 그렇기 때문에 성경은 "고난 중에 어떻게 기도해야 하는가?"에 대한 공식을 제공하지 않습니다. 우리로서는 참 답답한 일이지요. 그래서 성경의 한 사건을 일반화해 마치 모든 고난의 경우에 적용될 수 있는 공식처럼 말하기도 하는데, 그것도 마땅치 않습니다. 고난 중에 아무것도 할 수 없는 인간의 어쩔 수 없는 한계를 보여 주기에 이해가 안 되는 것은 아니지만 말입니다.

왜 히스기야의 기도인가

질병과 관련해 가장 많이 언급되는 성경의 사건은 이사야 38장 1-8절에 나오는 히스기야왕의 이야기가 아닐까 싶습니다. 어쩌면 히스기야의 기도는 병이 들었을 때 어떻게 해야 하는가를 보여 주는 사례로 가장 많이 인용된다고 볼 수 있지만, 사실 이 사건은 병들었을 때 고침을 받는 비결이나 공식을 제공하기 위해서 일어난 일이라고 보기 어렵습니다. 그렇다면 히스기야의 기도는 어떻게 이해해야 할까요?

　　25세에 왕위에 오른 히스기야는 유다의 개혁을 위해서 최선을 다했습니다. 39세가 될 때까지 유다에서 가장 탁

월한 왕 중에 한 명으로 기억될 만했습니다. 그런데 39세가 되었을 때 히스기야는 병이 들었습니다. 정확히 어떤 병인지는 모르지만 상처 위에 무화과 반죽을 놓은 것을 보면(왕하 20:7) 눈에 보이는 상처가 있는 병이었던 듯합니다. 이사야 선지자의 예언에 의하면 그 병은 나을 병이 아니라 죽을병이었습니다.

히스기야는 하나님께 자기의 선행과 개혁을 위한 행적들을 말씀드리며 치유를 구했습니다. 그때 히스기야는 통곡을 하며 기도했고, 이사야 선지자는 하나님이 그의 기도를 들으셨고 그의 눈물을 보시고 그를 고쳐 주기로 하셨다는 말을 전했습니다.

사실 이 부분도 재미있습니다. 이사야 선지자가 히스기야의 병이 죽을병이라는 하나님의 말씀을 전하자 히스기야는 하나님께 기도했고, 이사야 선지자가 성읍 가운데에 이르기도 전에 하나님의 응답이 임했습니다. 이사야가 나가는 길에 딴짓을 하지 않았다면 정말 빠른 시간에 하나님이 응답하신 것입니다. 우리의 기도도 이렇게 빨리 응답된다면 얼마나 좋을까요?

인간의 기도보다 완전한
하나님의 계획

하나님이 히스기야의 기도 때문에 마음을 바꾸셨을까요? 저는 하나님이 히스기야의 기도를 들으시고 응답하셨다고 생각합니다. 하지만 히스기야가 하나님의 마음을 움직여 하나님이 계획을 바꾸셨다면, 그가 하나님보다 더 의롭고 지혜롭거나 하나님이 미처 히스기야의 선행과 공적을 생각하지 못하셔서 처음에 잘못된 판단을 하셨다고 보아야 합니다. 그러나 우리가 아는 하나님은 그런 분이 아니십니다. 아니면 하나님의 계획이 불완전했다거나 미완성이었다고 보아야 하는데 이것도 석연치 않습니다. 그렇게 생각하는 것은 성경을 통해서 우리가 알고 있는 하나님의 속성에 맞지 않다 싶으니까요.

그렇다면 히스기야의 기도를 통한 응답도 하나님의 계획 안에 있었다고 보아야 하는데, 인간의 기도와 하나님의 응답이 어떻게 연관되는지를 설명하는 것이 인간의 이성적 한계로는 가능하지 않겠지만 두 가지를 따로 생각해 볼 수는 있습니다. 첫째, 전지하신 하나님은 우리가 구하기 전에 이미 있어야 할 것을 다 아십니다. 둘째, 그럼에도 하나님은 우리의 기도를 통해서 일하기를 기뻐하십니다.

우리는 병이 들면 기도해야 하고, "하나님이 우리의 기도를 들으시고 병을 고쳐 주셨다"고 말하는 것도 정당합니다. 하지만 그 말의 의미가 하나님의 부족함이나 미흡함을 기도를 통해 완성시켰다는 뜻일 수는 없습니다. 하나님의 계획은 우리의 기도 때문에 달라질 만큼 불완전하지 않습니다.

병 나음보다 중요한 것

이 사건을 하나님이 아브라함에게 이삭을 바치라고 하신 사건에 비유하는 학자들도 있습니다. 아브라함이 이삭을 바치도록 하신 사건은 아브라함을 통해 우리가 얼마나 순종적이어야 하는가를 교훈하신 것이 아니라, '하나님이 우리에게 희생 제물로 주실 예수 그리스도를 보여 주는 구속사적인 사건'입니다. 이처럼 히스기야의 사건도 하나님의 신실하심을 보여 주는 구속사적인 사건으로 보아야 하는 것입니다.

히스기야가 병이 들었을 당시에 다윗의 혈통으로 그의

뒤를 이어 왕이 될 아들이 없었던 것으로 보입니다. 히스기야의 아들 므낫세가 왕이 될 때 나이가 12세였습니다. 그렇다면 므낫세는 히스기야가 병이 나은 후에 낳은 아들이라고 보아야 합니다. 다른 아들들에 대한 언급이 없는 것으로 보아 하나님은 므낫세의 출생을 통해서 다윗과 하신 약속을 신실하게 성취하셨습니다(이스라엘과 달리 유다 왕국에서는 다윗의 계보가 끊어진 적이 없습니다).

즉 하나님은 히스기야의 기도를 들으심으로 자신이 그 백성과의 약속을 신실하게 지키는 분임을 보여 주셨고, 이 언약은 예수 그리스도 사건에서 절정에 이릅니다. 히스기야의 병이 낫는 사건을 통해서 우리는 병 고침을 받는 노하우를 배우기보다 하나님의 신실하심을 묵상할 필요가 있습니다.

주님의 뜻이 이루어지는 기쁨

병이 들었을 때 우리는 어떻게 기도해야 할까요? 이미 언급한 대로 질병을 통한 하나님의 원함이 구체적으로 무엇인지 알지 못하는 우리로서는 "병중에 어떻게 기도하는 것이 합당하다"고 말하거나 "질병 중에 가장 경건한 기도의 형태는 무엇인가?"를 말하는 데는 항상 한계가 있습니다. 그러니까 죄를 회개하는 기도를 하든지, 아니면 병이 낫게 해 달라는 기도를 하든지, 혹은 인내하며 하나님 나라를 위해 쓰임 받기를 기도하든지 다 괜찮다고 생각합니다. 오히려 하나님은 그 기도들을 통해서 기도하는 사람들을 만나 주시고 그들의 기도를 통해서 하나님의 일을 하실 것임을 믿는 것이 중요합니다.

아주 어릴 적에 소아마비 장애인이 된 저는 목사가 되겠다고 헌신했던 고등학교 2학년 때 제 다리를 낫게 해 달라고 기도했습니다. 당시에는 기도하면 하나님이 들어주실 것이고, 더욱이 목사가 되겠다는 기도는 하나님의 나라를 위해 유익한 기도라고 생각했기 때문에 나름대로는 확신이 있었습니다. 그렇게 4년 동안 기도하면서 저는 질병 중에 하나님을 의지할 수 있었습니다.

그리고 4년의 기도 끝에 어느 날 신유 집회에서 병이 낫게 해 달라는 제 기도는 멈추었습니다. 그 집회에서 설교한 목사님을 통해서 '하나님은 나를 강하게 하시기보다는 나의 강함이 되어 주기를 원하신다'는 사실을 깨달았기 때문입니다. 저는 저의 질병으로 인한 약함이 불행의 원인이라고 생각했습니다. 그런데 그 질병도 하나님을 의지하며 섬기기 위한 은사가 될 수 있다는 깨달음을 얻은 것입니다. 완전한 회복의 시간이었습니다.

그러니까 지난 4년간의 기도가 잘못되었거나 시간 낭비가 아니라, 그 기도의 과정을 통해서 하나님의 원함에 가까이 갈 수 있었던 것입니다. 마치 요셉의 고난과 성공이 사실은 하나님이 아브라함에게 하셨던 약속을 성취하기 위함이었던 것처럼 말입니다. 단지 요셉이 총리가 된 것이 형통이 아니라, 하나님이 그를 통해서 하나님의 일을 하셨다는 것이 형통인 셈이지요.

우리는 힘들고 아플 때 하나님께 해결해 달라고 기도합니다. 때로는 하나님이 강권적으로 기도하게 만들기도 하십니다. 그리고 그 기도를 통해서 하나님은 하나님의 일을 하십니다. 따라서 우리는 우리의 원함을 가지고 하나님 앞에 나와 기도하지만, 우리 마음 깊은 곳에 있는 가장 간절한 열망은 '우리의 삶을 통해 하나님의 원함이 이루어지는 것'이 아닐까 싶습니다.

병 고침을 통해서, 길고 지루한 기도의 과정을 통해서 하나님이 하나님의 원함을 이루어 가신다고 믿는다면 힘들고 답답하지만 기도로 인해 낙심하지 않을 것입니다.

당장의 문제가 시급해서 기도하지만 우리 마음 깊은 곳에 있는 궁극적인 원함은 주님의 뜻을 이루는 것이고, 주님의 기쁨이 되는 것이니까요.

○
우리는 병 고침 받는 노하우를 배우기보다
하나님의 신실하심을 묵상할 필요가 있습니다.

따라 읽는 기도_기쁨함

질병 중에 두렵고 외로운 우리의 연약함을 아시는 주님!
우리 중에는 오랜 시간 투병하며 버겁게 살아가는 사람들이
많이 있습니다. 주님이 병과 장애를 통해 어떤 뜻을 이루어
가실지 알지 못하지만, 우리는 병으로부터 자유하기를 원합
니다. 너무 힘들고 지치니까요. 그래도 주님이 계획이 있으니
참아 보라고 말씀하시면 참을 수 있습니다. 우리 마음 깊은
곳에 있는 소원은 주님의 기쁨이 되는 것이니까요. 만일 우리
가 알지 못하는 주님의 계획이 있다면 병과 장애를 감당할 수
있도록 힘과 지혜와 인내와 믿음을 더하여 주소서.

나의 기도

18

하나님의 주권을 인정한
한나의 기도

삼상 1:9-18

인간의 한계는 일반화를 통해서 표현되기도 합니다. 하루 앞일을 알 수 없는 인간으로서는 주어진 삶의 현실에서 짐작과 예측으로 판단하고 행동하게 되는데, 짐작과 예측을 가능하게 만드는 것은 이미 경험한 일이나 다른 사람들의 경험이기 때문입니다.

그래서 누가 자신의 경험을 간증하면 우리는 그 간증을 일반화시키거나 공식으로 만들려고 합니다. 각자를 향한 하나님의 계획이 다르고 어느 누구의 삶도 일반화되어서는 안 된다는 것을 알고 있으면서도, 한 사건의 발생을 가능하게 만든 법칙이나 공식이 있으리라는 기대를 하게 되는 것입니다. 그렇지 않다면 매 순간 너무 긴장이 될 테니까요.

성경을 읽으면서도 마찬가지입니다. 철저하게 하나님의 주권에 속한 일임에도 우리는 성경에 나오는 사건들을 일반화시켜서 그 속에서 공식이나 비결을 찾아내려고 합니다. 아마도 그 대표적인 예가 사무엘상 1장에 나오는 한나의 기도가 아닐까 생각합니다.

특히 생명을 잉태하는 일은 인간이 노력한다고 되는 일이 아니기 때문에(제법 많은 사람이 마음만 먹으면 언제든지 가능한 쉬운 일처럼 생각하지만 어떤 부부에게는 아무리 노력해도 안 되는 일입니다) 자녀를 간절히 원하는 부모의 입장에서 '어떻게 하면 하나님이 자녀를 허락해 주실까'는 굉장히 중요한 문제입니다.

그래서 "생명은 하나님께 속했으니 하나님께 기도하면 주실 것이다"라고 말하면서 한나를 소개하는 경우가 종종 있습니다. 하나님이 한나를 통해서 하신 일에 하나님 스스로 구속되셔서 이제는 늘, 한나에게 하셨던 것처럼 다른 사람들에게도 하시도록 요구하는 무례함도 간절함이라는 명목으로 가능해집니다.

한나의 기도는
그저 응답의 공식인가

성경을 보면, 정말 기적과 같이 생명을 잉태한 경우가 여러 번 나옵니다. 사라의 임신이 그랬고, 라헬의 임신이 그랬고, 세례 요한의 어머니 엘리사벳의 임신이 그랬고, 마리아의 임신이 그랬습니다(마리아의 경우는 전혀 다른 종류의 기적이지만).

그 외에도 인간의 역사에는 정말 기적과 같이 임신한

경우가 허다하겠지만, 특히 성경에서 기적적인 임신 사건이 강조하는 메시지는 그 일에 '하나님이 개입하셨다'는 것입니다. 생명이 잉태되는 모든 경우가(비기적적인 경우라도) 하나님의 섭리 가운데 되는 일이지만, 앞에 언급한 경우들은 특별한 목적을 위한 하나님의 개입을 강조한다고 말할 수 있습니다.

성경이 예수 그리스도를 통한 하나님의 구원 역사에 대한 특별계시라면, 성경에 기록된 기적적인 임신 사건에서 발견되는 특징은 하나님이 생명을 주시는 방식으로서보다는 구속사적인 문맥에서 의미를 찾는 것이 마땅합니다. 그 사건들이 강조하는 것은 약속의 성취이고, 약속을 성취하시는 하나님의 신실하심입니다. 다시 말하면, 단순히 생명의 신비나 특별한 임신을 통한 하나님의 섭리가 아니라, 그리스도를 통해 완성될 인간을 사랑하시는 하나님의 계획과 의도입니다.

하나님의 사랑과 섭리는 언제나 생명의 잉태, 혹은 기적적인 임신을 통해서만 나타나지 않습니다. 결혼이 하나님의 창조 질서라 할지라도 결혼한 사람들만 하나님이 사랑하신다고 말할 수 없는 것처럼 아이를 낳을 수도 있고, 입양할 수도 있고, 낳지 못할 수도 있지만 그 모든 경우에 하나님은 각자를 향한 선한 계획을 가지고 인도하십니다. 그러니까 기적적인 임신 사건을 통해 하나님의 특별한 간섭과 사랑을 논하는 것은 무리가 있습니다.

당시의 문화적 배경에서 볼 때 아이를 낳지 못해 학대와 무시를 당한 한나는 하나님께 그 억울함을 호소했습니다. 하나님은 한나의 호소를 들으시고 아이를 잉태하게 하셨습니다. 사무엘을 아들로 주신 것입니다.

하지만 이 사건을 단순히 아이를 갖고 싶을 때 인간이 해야 할 의무나 비결을 가르쳐 주는 사건으로 볼 수 없습니다. 한나 개인에게는 하나님이 그녀의 기도를 들으시고 응답하신 사건이지만, 이 일이 성경에 기록된 이유는 인간을 향한 하나님의 사랑을 보여 주는 구속사적 과정의 사건이기 때문입니다. 마치 기적적으로 출생한 세례 요한이 예수님을 위한 길을 예비하는 사람이었던 것처럼, 사무엘은 다윗을 위한 길을 예비하는 사람이었습니다. 그런 의미에서 세례 요한의 사건이 예수님의 사건이듯이, 한나의 사건은 사무엘의 사건이고 궁극적으로는 예수님의 사건이라고 볼 수 있습니다.

하나님이 한나의 기도를 들으신 사건을 통해서 우리는 하나님의 사랑을 배웁니다. 인간을 향한 하나님의 애정과 긍휼의 마음을 봅니다. 아이를 잉태하게 하시는 사랑이 아니라, 동행하시고 함께하시는 사랑 말입니다.

한나의 기도에 담긴
구속사적 의미

목회를 하다 보면 자녀를 낳기 원한다는 기도 부탁을 종종 받습니다. 그리고 어렵게 아기를 가지게 된 분들이 수년간 기도의 응답이라고 간증하는 것을 듣기도 합니다.

자녀를 잉태하기 위해 기도하는 것은 정당하다고 생각합니다. 생명의 주인은 하나님이시니까요. 또한 오랜 기도 끝에 하나님이 응답해 주셨다는 간증도 정당하다고 생각합니다. 하나님은 우리의 모든 기도를 들으시니까요.

하지만 앞서 이야기한 것처럼 개인의 경험을 일반화시키는 것은 위험하다고 생각합니다. 하나님이 자녀를 낳게 하신 경우에도, 혹은 그렇지 않은 경우에도 하나님은 우리를 사랑하시고 우리의 기도를 들으시기 때문입니다. 그래서 한나의 기도를 통해 자녀 잉태를 위한 원리나 공식을 찾으려고 하는 것은 위험합니다. 그것은 한나의 경험이

기 때문입니다.

그러나 여기에 원리적인 부분이 있습니다. 성경에 기록된 한나의 사건은 다윗의 길을 예비하는 사무엘의 사건이고, 다윗을 통한 예수 그리스도의 사건이라는 것입니다. 그렇다면 우리는 한나의 기도를 들으신 하나님의 섭리를 통해 우리 각자를 향한 하나님의 섭리와 선하신 계획을 확인할 수 있고, 오직 그리스도 때문에 우리를 향한 하나님의 사랑을 확증할 수 있습니다.

주권을 인정하는 신뢰의 기도

한나의 기도를 보면, 한나는 예쁘고 사랑스러운 아기를 젖을 떼자마자 엘리 제사장이 있는 실로 성전으로 데리고 가서 머물게 했습니다. 아기를 원했던 것이 아니라 아기가 없음으로 인한 억울함을 풀고 싶었던 것으로 보일 정도입니다.

그렇게 제사장에게 어린 아기를 맡기면서 한나가 드린 기도(삼상 2장)는 사무엘이 제사장이 되도록 서원하는 기도라기보다는 하나님의 주권을 인정하는 기도입니다. 아이를 낳게 하신 분이 하나님이시고, 죽이기도 하시고 살리기도 하시며 낮추기도 하시고 높이기도 하시는 분이 거룩하신 하나님이시라는 인정과 감사의 기도입니다. 한나가 사무엘을 제사장 곁에 머물도록 한 것은 제사장이 되는 특권이나 특별한 헌신에 아들을 바쳤다는 의미라기보다는 그 아들을 주신 분이 하나님이시니 그를 통해 하나님의 원함이 드러나기를 원한다는 의미입니다.

오랫동안 기도해서 얻은 자식이 하나님이 주신 선물이라고 생각한다면, 그 생명을 주심에 하나님의 뜻이 있음을 인정하고 하나님의 원함을 따라 살 수 있도록 자녀를 양육하는 것이 마땅합니다. 그런데 가끔은 그 선물을 마치 기도의 응답, 즉 보상으로 생각하거나, 아니면 특별한 하나님의 사랑 표현이라고 생각해서 자기 소유처럼 여기는 경우도 있고, 하나님의 원함에 맡기지 못하는 아쉬운 경우를 보곤 합니다.

하나님께 맡긴다는 것이 특정한 일에 종사하도록 한다는 의미는 아닙니다. 목사가 되거나 선교사가 되어야 하는 것은 아니지요. 하지만 목사가 되면 안 되거나 선교사가 되면 안 되는 것도 아닙니다. 부모는 특별한 상황을 통해 얻은 자녀일수록 그가 하나님의 원함을 따라 쓰임 받을 수 있기를 기도해야 합니다(구체적으로 그것이 무엇인지 모른다 할지라도).

비록 한나는 처음에 자신이 경험하고 있는 형편이 너무 억울해 기도했지만, 나중에는 자녀를 얻은 일을 자기 한을 푼 사건으로 이해하기보다는 하나님의 주권을 인정하는 사건으로 이해할 수 있었습니다.

한나는 사무엘이 어떤 사람이 될지 몰랐습니다. 어떤 사람이 되었으면 좋겠다는 기대나 소망도 사실은 없었습니다. 당연히 한나는 사무엘이 다윗을 예비하는 사람이 되리라는 것도 몰랐습니다. 그리고 하나님이 그 일이 전적인 하나님의 주권적인 사건임을 보여 주기 위해 긴 시간 억울함으로 하나님께 기도하도록 하신 사건인 줄도 몰랐습니다. 하지만 한나는 하나님을 신뢰할 수 있었습니다. 그래서 기도했고, 그래서 그렇게 귀하게 얻은 아들과 헤어졌습니다.

한나의 기도는 위대한 신앙인 한나의 사건이 아니라, 한나를 통해 그 사랑을 보여 주신 위대하신 하나님의 사건입니다.

○
한나의 사건을 통해서 우리는 하나님의 사랑을 배웁니다.
아이를 잉태하게 하시는 사랑이 아니라, 동행하시고 함께하시는 사랑 말입니다.

따라 읽는 기도_인정함

우리 각자를 향해 세밀한 계획을 가지고 계신 주님!

우리 중에는 억울하고 힘든 상황에서 차별을 받으며 살아가는 사람들이 있습니다. 각자를 향한 주님의 계획을 모르는 우리로서는 주어진 상황과 조건들을 어떻게 이해할지 몰라서 어떻게 기도해야 할지 모릅니다. 그럼에도 우리를 향한 하나님의 세밀한 계획이 있음을 믿음으로 주어진 모든 상황에서 우리의 원함이 아닌 하나님의 원함이 이루어지기를 원합니다. 고난 중에 한나의 기도를 통해서 아름다운 일을 이루신 주님이 우리의 형통도, 우리의 고난도 주님의 나라와 영광을 위해 사용하여 주소서.

나의 기도

_____

_____

_____

_____

_____

19

자기중심성에 저항한
다니엘의 기도

———

단 6:10-16

종종 기도가 어렵다고 하는 분들을 만납니다. 여러 의미가 함축되어 있을 것입니다. 어떤 기도를 해야 할지 모르겠다는 의미일 수도 있고, 아무리 기도를 해도 응답이 되지 않는다는 뜻일 수도 있겠지만, 기도 생활을 꾸준히 하기가 어렵다는 의미로 이야기하는 경우도 제법 있습니다.

믿음이 성장하기 위해서도, 하나님과 동행하기 위해서도 꾸준히 기도해야 한다는 데 이의를 제기할 사람은 많지 않을 것입니다. 종종 꾸준한 기도가 마치 정성을 들이는 개인의 경건과 의로 간주되거나, 기도 생활을 믿음의 정도를 결정하는 척도인 양 생각하는 정서가 불편하기는 하지만, 인간이 하나님을 인정하고 만나는 것으로 기도를 이해한다면 꾸준한 기도는 거의 절대적 필요라고 말할 수 있습니다.

예수님이 기도의 본을 보이셨기 때문에, 혹은 사도들도 매일 기도했기 때문에 그 본을 따라 그들처럼 꾸준히 기도해야 하는 것은 아니더라도, 하나님을 믿는다고 하면서 꾸준히 기도하지 않는 것은 논리적으로 가능한 일이 아닙니다. 기도는 하나님을 인정하는 수단이고 하나님을 의존하는 수단이기 때문입니다. 애석하게도, 논리적 가능성과 실제적 가능성 사이에 간극이 커서 모순과 위선의 삶이 가능하지만 말입니다(마치 이론적 무신론자와 실제적 무신론자가 있어서-하나님이 존재하지 않는다고 공공연히 말하면서도 하나님이 두려워서 함부로 살지 못하는 이론적 무신론자와 하나님을 믿는다고 말하면서도 하나님을 두려워하지 않는 실제적 무신론자가 있어서-모순과 위선이 가능한 것처럼 말입니다).

저는 개인적으로 그리스도인의 삶에서 꾸준한 기도는 불가피하다고 생각합니다. 하지만 그 근거를 성경에 나오는 인물들의 모범에서 찾으려는 시도에 대해서는 불편함이 있습니다. 여기서 그 한 예를 나누고 싶습니다.

다니엘이 처한 위기

메대 왕국의 다리오왕은 다니엘을 총애했습니다. 전 정권(바벨론)의 핵심적인 인사였음에도 불구하고, 80세를 훨씬 넘긴 고령에도 불구하고, 유대인이었음에도 불구하고 다리오는 다니엘을 최고의 자리에 앉히고 싶어 했습니다. 이를 시기한 귀족들이 말도 안 되는 아첨으로 하나의 법령을 제정했습니다. 30일 동안 다른 신이나 사람에게 기도하거나 구하는 자는 사자 굴에 던져 넣는다는 법령입니다. 다니엘이 유대인이기 때문에 하루에 세 번씩 기도한다는 것을 알고 제안한 법령입니다.

다리오는 꽤 괜찮은 왕이었지만 자신이 최고이고 어느 민족, 어느 신도 자기를 대적할 수 없음을 보여 줄 좋은 방법이라고 생각해서 법령을 허락했습니다. 그도 다니엘이 하루에 세 번씩 기도한다는 것을 알고 있었지만 설마 다니엘이 그 법령을 어기다가 들킬 것이라고는 생각하지 않았습니다.

그래서 나중에 다니엘을 사자 굴에 던져 넣을 때 다리오가 했던 말은 가히 충격적입니다. "네가 항상 섬기는 너의 하나님이 너를 구원하시리라"(단 6:16). 그 후 잠도 제대로 못 잔 그가 새벽녘에 사자 굴에 찾아와 했던 말도 같습니다. "네가 항상 섬기는 네 하나님이 사자들에게서 능히 너를 구원하셨느냐"(단 6:20).

귀족들은 다니엘을 잡는 데 속수무책이라서 하는 수 없이 그런 법령을 제정하고 다니엘을 주목했겠지만 설마 그 함정에 다니엘이 빠질 것이라고는 상상도 못했을 것입니다. 기도의 특성상, 기도는 은밀히 하면 되니까요. 골방에서 하나님께 기도하면 되고, 아무도 모르게 기도할 수 있으니까요. 게다가 30일만 기도하지 않으면, 아니 30일만 조심해서 기도하는 모습을 들키지 않으면 메대 왕국에서 최고의 권력자가 될 수 있었습니다.

30일간 걸리지 않고 기도하는 것이 그렇게 어려운 일은 아닙니다. 이런 상황에서 아마 저라면 "하나님, 최고가 될 수 있는 정말 좋은 기회를 주셨사오니 제발 기도하다가 들키지 않게 해 주세요"라고 기도했을 것 같습니다.

이해하기 어려운 다니엘의 기도

그런데 다니엘은 똑같은 시간에, 똑같은 장소에서 기도했습니다. "다니엘이 이 조서에 왕의 도장이 찍힌 것을 알고도 자기 집에 돌아가서는 윗방에 올라가 예루살렘으로 향한 창문을 열고 전에 하던 대로 하루 세 번씩 무릎을 꿇고 기도하며 그의 하나님께 감사하였더라"(단 6:10).

이런 다니엘이 이해가 됩니까? 기도하다 죽을 용기였다면 차라리 다른 유대인들을 위해서라도 다리오왕을 대면해서, "왕은 지금 함정에 빠지신 것이고, 유대인들은 여호와께 기도하지만 그래서 왕께 역심을 품고 있지 않습니다"라고 진언을 하고 나서 사자 굴에 던져지는 것이 더 낫지 않았을까요? 하나님과의 정한 시간이기 때문에 목에 칼이 들어와도 기도 시간을 지키는 것이 최고의 충성이라고 볼 수 있을까요?

저는 그럴 수 있다고 생각합니다. 하지만 그렇게 하지 않을 수도 있다고 생각합니다. 그러나 다니엘이 정한 시간에 하나님과 한 약속을 지키기 위해서 목숨 걸고 기도한 것이라고 보기는 어렵습니다. 더 구체적으로 말하자면, 기도 시간을 지키는 것이 얼마나 중요한가를 가르쳐 주기 위해서 이 사건이 성경에 기록되었다고 보기는 어렵습니다.

따라서 다니엘이 기도의 정한 시간을 지킴으로 하나님이 복을 주셔서 메대 왕국의 최고가 되었다는 말이 제게는 설득력이 없습니다. 다니엘서는 처음부터 끝까지 '어떻게 이방 나라에서 하나님의 백성이 성공하는가'를 말하는 것이 아니라, '어떻게 하나님이 신실하게 약속을 지키셨고, 그래서 어떻게 그 백성이 하나님의 약속을 놓치지 않고 붙들었는가'를 말하고 있으니까요.

다니엘이 기도의 시간을 지킨 것은 다니엘의 세 친구가 느부갓네살이 만든 금 신상에 절하지 않아 풀무 불 속에 들어간 것과 같은 맥락입니다. 금 신상에게 절한다 해서 금 신상을 섬기는 것은 아니니까 그냥 금 신상에 고개만

숙이고 마음으로는 여호와께 기도해도 하나님은 그 마음을 아십니다.

그러나 세 친구가 절하지 않은 것은 하나님을 향한 것이 아니라, 그곳에 모인 사람들을 향한 것입니다. 공적인 고백이라는 뜻입니다. "어떤 경우에도 여호와만이 우리의 하나님이십니다"라는 고백을 사람들 앞에서 하는 것이니까요. 다니엘의 기도도 마찬가지로, 단순히 하나님 앞에 보이는 충성된 마음이 아니라, 다리오와 백성을 향한 공적인 고백이고 항변입니다. 어떤 경우에도 다리오는 그의 하나님이 될 수 없었으니까요.

자기중심성에 대한 저항

저는 이 사건을 다리오와 다니엘의 대조로 보고 싶습니다. 여러 면에서 유능하고 덕망 있는 왕인 다리오는 괜찮은 왕이었지만 자기중심적인 사고를 벗어나지는 못했습니다. 역사와 왕국의 주인이 자기라는 착각을 할 정도였으니까요. 다리오는 다니엘의 운명이 자기 손에 있다고 생각했을 것입니다. 자기 말을 잘 들으면 최고의 자리에 앉혀 줄 수 있다는 너그러운 확신도 있었을 테지요. 하지만 다니엘은 그것을 인정할 수 없었습니다. 다리오는 물론 훌륭했지만 다니엘의 하나님은 여호와이십니다. 그의 생사만 아니라 역사를 주관하시는 분은 여호와이십니다.

만일 다니엘이 30일 동안 기도하는 모습을 들키지 않는다면 이는 적어도 30일 동안은 유대인들도, 다니엘도 여호와가 아닌 다리오에게 충성했음을 인정하는 셈이 됩니다. 다니엘은 그 점을 용납할 수 없었습니다. 오히려 목숨을 내놓더라도 그에게 참 하나님은 여호와 하나님 한 분뿐이심을 세상에 증거해야 하는 시간이었습니다. 그래서 그는 정한 시간에 기도했습니다. 정한 시간에 정한 장소에서 꾸준하게 기도한 것이 다니엘을 위험에 빠뜨렸지만, 그는 그 위험을 오히려 신앙을 고백해야 하는 순간으로 이해한 것입니다.

저는 이런 다니엘이 고맙습니다. 나를 최고로 만들어 주겠다는 엄청난 유혹의 현장에서 살아가면서 재물이나 명예나 쾌락이 아닌 "예수 그리스도만이 나의 참 소망이며 기쁨이시다"라는 고백이 저에게는 여전히 버겁기 때문입니다.

꾸준함이
인생의 주관자를 향해야 한다

정한 시간에 정한 장소에서 꾸준히 기도하는 것은 중요
한 일이고 필요한 일입니다. 하지만 그 꾸준함을 통해 자
기중심적인 욕망을 채우려고 한다면, 다니엘과 같은 위기
상황에 처했을 때 더 이상 그 기도를 지속할 수 없을지도
모릅니다. 기도가 무엇인가를 진지하게 생각해 보면, 기도
의 특성상 기도에서 가장 위험한 것은 자기중심성입니다.
여전히 자신이 인생의 주인이 된 상태에서 꾸준한 기도는
마치 알라딘의 요술 램프 속 요정 지니를 불러내는 행위
가 될 수도 있으니까요.

　꾸준함이 자기의 의가 되고, 꾸준함이 소원을 이루기
위한 수단이 되고, 꾸준함이 마음이 담기지 않은 습관적
종교 행위가 될 수 있습니다. 그럴 때 우리는 다니엘의 기
도를 깊이 생각해 볼 수 있습니다. 다리오를 향한, "당신
이 아닙니다. 나도 아닙니다. 여호와께서 내 인생의 주인
이시며 역사의 주관자이십니다"라는 묵언의 선언이었던
다니엘의 기도 말입니다.

　다니엘 6장 10절에서는 이것을 가리켜 "하나님께 감사

하였더라"라고 말합니다. 다니엘은 무엇을 감사한 것일까요? 이 위기의 상황에서 감사했다는 말이 무슨 의미일까요? 저는 '여호와를 인정하는 것'이라고 이해했습니다. 예수 그리스도를 통해 구원받은 하나님의 자녀들이 하나님의 주권과 다스리심을 인정한다면, 그들의 꾸준한 기도는 꾸준한 인정이고 감사이어야 합니다.

삶의 현장에서 경험하는 답답하고 아쉬운 일들을 위해 시간과 장소를 정해서 기도하지만, 그 기도의 끝에 우리는 "예수 그리스도는 우리의 주가 되시며 우리가 살아야 할 이유가 되신다"라고 인정하고 고백하게 될 것입니다.

○
꾸준함이 자기의 의가 되고, 소원을 이루기 위한 수단이 되고,
마음이 담기지 않은 습관적 종교 행위가 될 수 있습니다.

따라 읽는 기도_저항함

우리 삶의 주인이 되시는 주님!

우리는 우리를 편안하게 만들어 주겠다는 엄청난 유혹의 함성에 파묻혀 세상을 살고 있습니다. 남들보다 뒤질 때 못 견디게 불안하고, 남들보다 많은 혜택을 누릴 때 마음에 평안을 느낍니다. 다니엘의 기도가 그런 자기중심성에 대한 저항의 기도였다면 우리도 그렇게 기도하고 싶습니다. 돈, 명예, 쾌락이 아니라, 예수 그리스도가 우리 삶의 주인이심을 인정하며 살기 위해서 기도를 멈추지 않기를 진심으로 소원합니다.

나의 기도

_____

_____

_____

_____

_____

20

하늘을 의식한
세리의 기도

눅 18:9-14

교회가 빨리 혹은 크게 성장하거나 사업이 번창해서 좋은 집으로 이사한 후 감사 예배를 드릴 때 종종 듣는 말이 있습니다. "하나님이 하셨습니다"라는 말입니다. 이 말의 순수한 의도를 의심하지는 않지만, 경우에 따라서는 별 의미 없는 기독교적 관용구이거나 아니면 차별적 혜택에 대한 감사는 아닐까, 라는 생각이 들 때도 있습니다.

진심으로 하나님의 주권을 인정해서 자신의 행위와 노력은 하나도 없었다는 고백일 수도 있고, 노력에 비해서 주어진 것이 많다는 의미일 수도 있습니다. 또한 결과는 하나님의 손에 있으니 하나님이 하신 일이라는 뜻일 수도 있고, 아니면 다른 사람들보다 많은 것을 가질 수 있어서 감사하다는 말일 수도 있습니다.

어느 주일학교 선생님이 학생들에게 물었습니다. "여러분, 내가 누군지 맞혀 보세요. 나는 키가 15cm 정도 되고, 털이 많고, 꼬리가 길고, 나무를 기어오르고, 도토리를 모아 둡니다. 나는 누구죠?" 학생들은 아무도 대답을 하지 않고 서로 눈치만 보았습니다. 선생님이 다시 물었습니다. "괜찮으니까 편하게 대답해 보세요. 나는 누구죠?" 그러자 한 아이가 용기를 내어 대답했습니다. "제 생각에는 다람쥐 같은데 정답은 예수님이죠?" 아이들은 교회에서 질문을 하면 정답은 항상 예수님이어야 한다고 생각했기 때문에 답을 말하기를 망설였던 것입니다.

"재물은 누가 주었나요?", "대학 입시를 위한 공부는 누가 했을까요?", "교회 건물 건축은 누가 했을까요?" 이 질문들에 "하나님이 하셨습니다"라고 말하는 것이 교회에서는 정답일 것 같아서 늘 "하나님"이라고 대답하지만, 자신이 한 수고가 없었다고 말할 수는 없습니다. 그렇게 말하는 것이 좋은 믿음인 것 같아서 우리가 한 일은 하나도 없다는 석연치 않은(?) 인정처럼 들릴 수도 있습니다. 물론 그 모든 것을 통해 일하시는 하나님의 주권을 인정하자는 말이니까 틀리지는 않은데, 그래서 "다 하나님이 하셨습니다"라는 말은 자칫 극단적 경건주의(인간의 노력은 필요없다는)를 의미하는 것 같아서 불편하기도 합니다.

그보다 더 불편한 것은 비교에 의한 혜택을 강조하는 것입니다. 왜 교회가 성장하고 사업이 잘되면 하나님이 하셨다고 말할까요? 어렵고 열악한 환경에서 "하나님이 하십니다"를 말할 수 있다면, 같은 의미에서 남들보다 나은 환경에서 "하나님이 하십니다"를 말해야 하는 것 아닌가요? 제가 평생을 함께해야 하는 장애도 하나님이 하신 것이고, 버겁고 가난한 삶의 현장에서도 하나님의 주권을 인정해야 하는 것 아닌가요? '하나님이'를 강조하는 것이 아니라 '하셨습니다'를 강조할 때 분명히 하나님께 감사한데, 왠지 다른 사람들과 차별화된 혜택을 은연중 자랑하는 것처럼 들리는 경우를 경험해 본 적이 있나요?

바리새인의 자기 의에 갇힌 기도

바리새인이 한 기도, "이 세리와도 같지 아니함을 감사하나이다. 나는 이레에 두 번씩 금식하고 또 소득의 십일조를 드리나이다"(눅 18:11-12)는 제가 드리는 기도와 별반 다르지 않아 보입니다. "물질적으로 저를 축복해 주셔서 십일조 생활을 잘할 수 있게 해 주셔서 감사합니다. 세상에는 유혹이 많지만 하나님이 저를 지켜 주셔서 죄에 빠지지 않고 날마다 기도하며 하나님을 바라보게 해 주셔서 감사합니다. 올해도 시간을 쪼개어 단기 선교에 참여하고 제자 훈련을 받을 수 있도록 해 주셔서 감사합니다. 우리 자녀들이 공부도 잘하고 말도 잘 듣고 믿음 생활도 잘하게 해 주셔서 감사합니다."

　이런 기도와 바리새인의 기도가 어떻게 다를까요? 그

렇다고 남들에게는 주어지지 않은 혜택이 주어진 것에 대해 감사하지 않고 대수롭지 않게 생각하며 살아야 할까요? 다들 힘들다는데 내가 하는 사업은 잘되니 감사하는 것이 문제가 될까요?

바리새인의 기도는 내용이 아니라 자세에 문제가 있다고 생각합니다. 주님이 이 비유를 말씀하신 의도가 누가복음 18장 9절에 나옵니다. "자기를 의롭다고 믿고 다른 사람을 멸시하는 자들에게 이 비유로 말씀하시되." 바리새인의 문제는 주어진 것에 대해 감사한 것이 아니라 그 주어진 것에 의해서 자신이 특별하다고 생각한 것이고, 그래서 다른 사람을 멸시한 것입니다.

즉 누가복음 15장부터 시작해서 이어지고 있는 주제인 "자기 의"의 문제입니다. 주어진 재능, 재물, 환경을 하나님을 섬기도록 하나님이 주신 은사로 여기고 감사하는 것이 아니라, 다른 사람들과 자신을 차별화시켜서 스스로를 괜찮은 사람으로 생각하게끔 만든 것이 문제라는 말입니다.

소유와 신분에 의해서 사람의 가치를 생각하는 세계관에서 자신에게 주어진 것을 사명으로 여기지 않고 특혜로 여긴다면, 주어진 것에 대한 감사도 결국은 그렇지 못한 사람들과의 차별화된 혜택에 대한 자랑이 될 수 있습니다. 교회가 부흥한다면 그것은 하나님의 특별한 사랑의 결과나 특별한 헌신에 대한 보상이 아니라 독특한 사명일 뿐입니다. 하나님은 규모가 작은 교회도 사랑하시고, 탁월한 헌신에도 불구하고 사람들이 일반적으로 말하는 성공을 경험하지 못하는 사람들도 많으니까요. 아니, 악인들 중에도 잘나가는 사람들이 많고 게으르고 무능한데도 주어진 것이 많은 사람들이 있으니까요.

바리새인은 그의 삶을 주관하시는 하나님에 대한 인격적인 신뢰가 없었기에, 자신에게 주어진 혜택이 다른 사람과 구별된다고 생각해 다른 사람을 무시했습니다.

세리의 하늘을 의식한 기도

반면에 세리는 자신의 잘못과 죄로 인해 가슴을 치며 하늘도 쳐다보지 못하고 회개했습니다(눅 18:13). 바리새인의 기도에는 회개가 없고 세리의 기도에는 회개가 있어서 세리의 기도가 더 의로워지는 것이 아닙니다. 만일 그렇다면 회개는 또 다른 형태의 자기 의가 되었을 것입니다.

세리는 하나님을 의식했습니다. 같은 기도이지만 자기

를 의식하고 있는가, 하나님을 의식하고 있는가가 다른 점입니다. 만약 하나님을 의식한다면 그분 앞에서 자기를 드러내거나 다른 사람을 무시하지 못할 것입니다. 세리는 죄를 지을 수밖에 없었던 상황을 합리화하거나 교만한 바리새인들 앞에서 자신이 더 낫다고 주장하기보다는, 하나님 앞에 내세울 수 있는 의가 자신에게는 없음을 인정하고 하나님의 자비와 긍휼이 아니면 소망이 없음을 고백하며 하나님의 도우심을 구했습니다.

이 비유의 핵심은 자기를 의롭게 여겨서, 혹은 더 낫게 여겨서 다른 사람들을 무시하는 사람들에게 경고하는 데 있습니다. 달리 말하면, 종교적인 사람들로 하나님을 믿는다고 말하지만 사실은 하나님을 무시하고 여전히 자신이 인생의 주인이 되어서 주어진 것에서 자기 가치와 의미를 찾으려는 사람들에 대한 경고입니다. 감사는 종교적인 행위였지만, 그래서 하나님의 주권에 대한 겸손한 인정은 아니었습니다.

저는 주어진 것에 대한 감사가 당연히 가능하다고 생각합니다. 교회의 부흥을 인해 감사하고, 건강을 인해 감사하고, 자녀들을 인해 감사하는 것은 전혀 문제가 되지 않습니다. 그런데 이 감사가 자기 의와 공적에 대한 자랑인가, 아닌가를 확인해 볼 수 있는 척도는 다른 사람들을 대하는 자세입니다. 죄인들을 섬김의 대상으로 보는가, 아니면 정죄의 대상으로 보는가도 중요한 척도입니다.

왜냐하면 그리스도인들은 오직 예수 그리스도의 순종을 통해서 하나님이 받으시는 의인이 된다는 것을 알고 신뢰하는 사람들이기 때문이고, 그 은혜가 모든 사람에게 임하기를 간절히 바라는 이들이기 때문입니다. 이 땅에서 누리는 차별된 혜택으로 인해 만족하는 사람들이 아니라, 주어진 것을 사명으로 여기며 그렇지 못한 사람들을 긍휼히 여기며 그들과 함께 나누며 살아가려는 이들이기 때문입니다.

따라서 우리의 기도는 내가 남들과 다름으로 인한 감사가 아니라, 남들이 나와 같음으로 인한 감사입니다. 가난하지만 하나님이 그들을 사랑하시고, 죄인이지만 하나님이 그들을 용서하셔서서 구원하기를 원하시고, 어렵고 버겁게 살아가지만 그들을 섬길 수 있는 기회와 사명이 우리에게 주어졌기 때문입니다.

'어떤 마음과 가치관을 가지고 이 세상을 살아가고 있는가' 하는 것이 '어떤 내용의 기도를 드려야 하는가'보다 훨씬 더 중요합니다. 기본적으로 다른 사람을 무시하는 마음이 있다면 감사는 자기 의를 드러낼 뿐입니다. 그래서 "나는 이 세리와 같지 아니함을 감사하나이다"라는 기도보다 "저를 긍휼히 여기셔서서 구원하시고 동행하시는 것처럼, 세상의 소외된 사람들을 불쌍히 여기셔서서 그들에게도 구원이 임하게 하소서"나 "제게 주신 것들로 다른 사람들을 무시하지 않고 그들을 섬기는 데 사용하도록 도와주소서"라고 기도하는 것이 더 바람직합니다.

○
"저를 긍휼히 여기셔서서 구원하시고 동행하시는 것처럼,
세상의 소외된 사람들을 불쌍히 여기셔서서 그들에게도 구원이 임하게 하소서."

따라 읽는 기도_의식함

우리에게 좋은 것을 주시는 주님!

주어진 것보다는 주신 분께 감사하고 싶습니다. 좋은 선물(Gift)을 받을 때 주신 분(Giver)을 잊지 않고, 그 선물을 받지 못한 사람들을 잊지 않아서 우리의 감사에 겸손과 섬김이 있기를 원합니다. 성공과 형통의 순간에만 아니라 고난과 시련의 때에도 "하나님이 하십니다"라고 진정으로 고백할 수 있도록 기도 중에 우리의 시선을 하나님께 고정하게 해 주옵소서.

나의 기도

_____

_____

_____

_____

_____

21

쉽게 용서받은
악인 므낫세의 기도

대하 33:10-13

용서가 불의로 느껴지는 경험을 해 본 적이 있나요? 원수를 용서하고 사랑하는 것은 복수와 악의 연결 고리를 끊어 낼 수 있기 때문에 귀하고 아름답다고 생각하지만, 정작 그것이 자기의 일이 될 때에는 용서되지 않음으로 인한 괴로움과 자책보다는 악인이 정당한 죗값을 치르지 않은 채 용서받았다는 사실로 인한 불의함에 괴로워하기도 합니다.

한때 "밀양"이라는 영화의 한 장면이 많은 논란이 된 적이 있습니다. 아들을 죽인 유괴범 때문에 고통과 슬픔 중에 살던 주인공이 그리스도인이 되면서 마음에 평안을 느끼게 되고, 드디어 유괴범을 용서하겠다는 마음이 생겨 교도소를 찾아갔습니다. 그런데 유괴범이 이미 하나님이 자기의 죄를 다 용서하셔서 편하게 지내고 있다는 말을 해 충격을 받았습니다. 피해자에게는 용서를 구하지 않은 채 하나님께 용서를 받음으로 죄의 문제가 해결되었다고 생각한다면, 저도 용납하기 힘들어서 정말 긴 시간 치열한 영적 전쟁을 치러야 할 것 같습니다.

유다의 폭군 므낫세의 기도

히스기야가 죽을병에 걸렸을 때 하나님께 간절히 기도해서 15년 생명을 연장받고 2년 만에 낳은 아들이 므낫세입니다. 역대하 33장 1절에 다른 설명 없이 므낫세가 히스기야의 뒤를 이어 왕위에 올랐다고 기록되어 있는 것을 보면, 아마도 므낫세가 히스기야의 첫째 아들이 아니었을까 짐작합니다. 15년 생명을 연장받은 후에 정말 귀한 아들을 얻은 셈입니다.

므낫세는 12세에 왕위에 올랐는데 55년간 통치하며 유다 왕들 중 가장 악한 폭군이 되었습니다. 경건했던 히스기야의 아들이 악한 사람이었다는 것은 단순히 히스기야의 신앙 교육의 실패라고 보기는 어려울 것입니다. 폭군이었던 아버지 아하스와 달리 그 아들 히스기야는 경건한 사람이었으니까요. 므낫세는 종교적으로 여호와를 섬기지 않고 온갖 우상을 섬기며 아들들을 불 가운데 지나가게 하는 가증한 일을 행했습니다.

제가 주목한 구절은 열왕기하 21장 말씀입니다. "므낫세가 유다에게 범죄하게 하여 여호와께서 보시기에 악을 행한 것 외에도 또 무죄한 자의 피를 심히 많이 흘려 예루살렘 이 끝에서 저 끝까지 가득하게 하였더라"(왕하 21:16). 간단한 기록이지만, 왕의 잔인함 때문에 가족의 죽음이나 말할 수 없이 억울한 고난을 당한 사람들이 온 성에 가득했다니, 그들의 억울한 심정을 이 구절을 읽고 있는 우리로서는 헤아리기조차 어렵겠지만, 얼마나 힘들었을지는 짐작할 수 있습니다. 복수할 생각조차 할 수 없을 만큼 힘이 없어서 하나님이 그 억울한 사정을 보시고 원한을 갚아 주시기를 간절히 기도한 사람도 있었을지도 모릅니다.

므낫세의 악으로 인해 마침내 하나님이 심판의 칼을 드셨습니다. 앗수르 왕의 군대 지휘관들이 쳐들어와서 므낫세를 포로로 잡아간 것입니다. 그제야 므낫세는 하나님 앞에 회개했습니다. 하나님은 그런 그의 기도를 들으시고 그를 포로 생활에서 예루살렘으로 돌아오게 하시어 다시 왕위에 올리셨습니다.

회개하면 하나님이 용서하시고 회복시키신다는 당연한 사건으로 받아들일 수 있지만, 므낫세로 인해서 평생을 가난과 슬픔으로 살아야 했던 사람들의 입장에서는 므낫세의 회개를 너무 쉽게 받아 주시고 회복시켜 주시는 하나님의 자비하심에서 불의를 느꼈을 수도 있습니다. 므낫세가 흘리도록 한 무죄한 자의 피가 예루살렘 이 끝에서 저 끝까지 가득하다고 했는데, 므낫세가 그들에게 찾아가 용서를 구했을까요?

잘 모르겠지만, 용서를 구하지 않은 채 다시 왕위에 올라 "하나님이 나를 용서하셔서 다시 여기에 앉게 하셨다" 하며 그 은혜에 감사했다면, 영화 "밀양"의 여주인공과 같은 억울함과 허전함을 느꼈을 사람들이 수도 없이 많았겠다 싶습니다.

하나님이 그를 그렇게 쉽게 용서하시면 안 되는 것입니다. 아니, 하나님이 용서하시더라도 다시 왕위에 오르도록 허락하셔서는 안 되는 것입니다. 불륜을 저질러 가정을 파탄에 이르게 하고 많은 교인에게 상처를 준 목사가 하나님 앞에 회개했다고 다시 그 교회에서 목회를 하게 하시면 안 되는 것과 마찬가지입니다. 그래서 저는 하나님이 악인의 기도에 이렇게 쉽게 반응하시고 용서하심이 당황스럽기도 합니다.

너무 쉽게 임한 하나님의 용서

물론 죽을 수밖에 없는 죄인을 향한 용서를 경험한 제가 마치 므낫세보다는 괜찮은 인간인 양, 하나님이 므낫세를 용서하신 것에 불만을 말할 수 없습니다. 하나님이 죄인을 용서하시는 은혜는 누구에게나 감당할 수 없는 은혜임을 인정합니다.

그럼에도 하나님이 쉽게 용서하시면 누군가에게 커다란 상처를 안겨 줄 수 있어서 '어느 정도는 죗값을 치르도록 하셔야 하는 사람들이 있지 않을까?'라는 의문도 마음 한구석에 있습니다. 어쩌면 쉽게 죄를 합리화시키려는 저 자신에 대한 불편함 때문인지도 모르겠습니다. 이런 마음은 제가 드라마를 볼 때 확연히 드러납니다. 정말 마지막까지 사악을 떨던 사람이 그가 행한 악으로 인해 심판을 받거나 정당한 대가를 치르지 않은 채 드라마가 끝나면 차라리 보지 않은 편이 나았겠다 싶을 만큼 마음이 불편합니다.

뉘우쳐 용서를 받는 것과 죗값을 치르는 것은 다른 문제라고 생각합니다. 사실 다윗의 경우만 봐도 그렇습니다. 다윗은 범죄한 후에 진심으로 뉘우쳤지만 하나님이 나단을 통해서 경고하셨던 심판이 전부 다윗에게 임했습니다. 다윗은 진심으로 뉘우쳤기에 자신의 죄로 인해 임한 재앙들을 겸허히 받아들였지요. 그런데 므낫세의 경우에는 하나님의 용서가 너무 쉽게 임했습니다.

인류를 위한 하나님의 뜻

저에게는 여전히 이 문제에 대해 시원한 답이 없습니다. 하나님이 공식처럼 지은 죄만큼 심판하시기를 원하지는 않지만, 그래도 어떤 사람들은 확실하게 혼을 내셨으면 좋겠습니다. 그래서 므낫세의 회개가 공감되지 않습니다.

저는 이 사건을 므낫세 개인을 향한 사건이 아니라 하나님의 백성 유다를 향한 사건으로, 더 나아가서는 모든 인류를 위한 사건으로 봐야 한다고 생각합니다. 예를 들면 이렇습니다. 하나님이 때로는 악인을 형통하게 하시기도 하지만, 이는 악인을 사랑하시고 편애하셔서라기보다는 이를 통해 하나님의 계획과 뜻을 이루시려는 의도일 수 있습니다. 하나님은 유대 백성을 벌하기 위해서 앗수르와 바벨론을 형통하게 하셨고, 하박국이나 예레미야 같은 선지자들은 악인의 형통을 받아들일 수 없어서 하나님 앞에 답답한 심정을 토로했습니다.

하지만 하나님이 악인을 들어 사용하셨기 때문에 악인을 더 사랑하신 것도, 회개 없이 악인을 용서하신 것도 아니었습니다. 그것은 결국 하나님의 백성을 위한 하나님의 뜻이었고 계획이었을 뿐입니다.

열왕기와 달리 역대기에는 므낫세의 회개가 기록되어 있습니다. 학자들이 말하는 대로 열왕기는 유대 백성이 바벨론에 포로로 잡혀가 있을 때 기록되었고, 역대기는 그들이 바벨론 포로 생활을 마치고 돌아온 후에 기록된 것이라면, 열왕기에서는 바벨론 포로 생활이 그 조상들의 죄로 인한 것이었음을 강조하고(그래서 므낫세의 죄를 강조합니다), 역대기는 그럼에도 신실하신 하나님이 다윗과의 약속을 기억하셔서 그 백성과의 언약을 회복하신 것을 강조합니다(그래서 므낫세의 회개를 강조합니다).

하나님은 하나님을 떠난 다윗의 자손들을 버리지 않으심으로 악인의 기도를 통해서라도 그 약속을 지키셨습니다. 아니, 그 약속을 지키는 것을 보여 주셨습니다. 포로 생활에서 돌아온 하나님의 백성에게 이 사건은 더할 수 없는 위로였을 것입니다. 그렇게 사악했던 므낫세도 회개

할 때 용서하시고 다시 왕위에 앉도록 하신 하나님이 유대 백성도 용서하시고 함께하실 것임을 정말 드라마틱하게 보여 주니까요.

터무니없고
어처구니없는 사랑

이 신실하신 하나님이 하나님을 대적하고 떠났던 인간들을 구원하기 위해서 당신의 아들로 십자가의 길을 가도록 하셨습니다. 이 일은 말도 안 되는 일이고 부당한 일이라서 불의해 보이기조차 합니다. 어떻게 죄인을 사랑하기 위해서 아들을 죽이십니까. 어떻게 죄인들의 기도를 들으시고 죄인들의 기도에 응답하셔서 용서와 화해를 가능케 하십니까.

바리새인들은 자신들의 절망적인 상태에 대한 인식이 없어서 예수님이 세리와 창기들을 용서하시고 사랑하시는 모습에 분노했지만, 주님의 궁극적인 사랑 앞에서는 세리와 바리새인의 차이가 무의미합니다. 그만큼 그리스도의 사랑은 터무니없고 어처구니없는 것이었으니까요.

하나님이 므낫세의 기도를 들으신 것은 므낫세에 대한 특별한 사랑이 아니라 하나님의 택하신 백성을 향한 특별한 사랑이었고, 결국 우리를 위한 특별한 사랑이었습니다. 하나님이 악인의 기도를 통해서 일하실 때 그것이 단지 특정한 사람에 대한 편애 때문이 아니라 또 다른 누군가를 위한 특별한 섭리라고 이해하면, 즉 므낫세의 회개가 결국 유대 백성을 향한 하나님의 언약에 대한 그분의 신실하심을 보여 주고 그래서 그리스도의 사건을 보여 주는 것이라고 이해하면 억울함도 견딜 수 있겠다 싶습니다.

○
어떻게 죄인을 사랑하기 위해서 아들을 죽이십니까. 어떻게 죄인들의 기도를 들으시고 죄인들의 기도에 응답하셔서 용서와 화해를 가능케 하십니까.

따라 읽는 기도_헤아림

공의로 죄를 심판하시는 주님!

억울한 상황에서 너무 쉽게 악인을 용서하시는 주님께 섭섭했음을 고백합니다. 단지 하나님이 저에게는 관대하시고 다른 사람에게는 냉정하시기를 원하는 이기적인 마음 때문이 아니더라도, 악인이 끔찍한 악을 저질렀음에도 너무 쉽게 용서받는 것은 부당하다 싶어서 쉽게 받아들여지지 않음을 또한 고백합니다. 눈에 보이는 현상보다 더 큰 계획으로, 악인의 회개를 통해서도 일하시는 주님의 마음을 헤아릴 수 있는 지혜를 주옵소서.

나의 기도

22

하나님을 경험한
엘리야의 기도

왕상 18:36-40

어떤 사업가가 모임 장소에 왔는데 주차 공간을 찾을 수 없었습니다. 중요한 모임이라서 늦으면 안 되는데 주차할 데가 없자 점점 초조해졌습니다. 그래서 기도했습니다. "하나님, 주차 공간을 찾게 해 주시면 제가 이번 주에 헌금을 많이 하겠습니다." 그렇게 기도를 하고 길을 돌자마자 바로 주차 공간이 보였습니다. 그러자 그는 다시 기도했답니다. "하나님, 괜찮습니다. 제가 찾았습니다." 기도하지 않고 한 바퀴만 더 돌았더라면 헌금을 하지 않아도 될 뻔했는데 기도를 너무 빨리 한 것인가요? 아니면 기도했기 때문에 기도의 응답으로 주차 공간이 생긴 것일까요?

기도의 응답이 때로는 정말 기적적인 방법으로 임하기도 하지만, 많은 경우에 지극히 일상적인 삶의 과정에서 임하기도 하기에 발생한 일을 '기도의 응답'이라고 불러야 할지, 아니면 '운이 좋아서 우연히 이루어진 일'이라고 해야 할지 애매할 때도 있습니다(하나님의 주권적인 섭리 가운데 모든 일이 발생한다면 신학적으로는 우연이라거나 운이라고 말할 수 없겠지만 일상생활에서 사용하는 언어로 이해할 때).

발생하는 일들이 기도의 결과일까요, 아니면 하나님의 주권적인 섭리로 된 일일까요? 기도했기 때문에 발생한 일이라고 보기에는 애매한 경우들도 많고 '기도하지 않아도 될 일은 된다' 싶은 경우도 많습니다. 꼭 비신앙적이라서가 아니라 기도보다 하나님의 섭리가 선행한다고 하면, 그리고 하나님의 계획이 우리의 기도에 구속되지 않는다고 보면 우리가 기도하지 않는다고 하나님이 하셔야 할 일을 못하시지는 않을 테니까요.

응답을 확신하며 기도한 엘리야

그런 관점에서 엘리야의 사건이 저에게는 흥미로웠습니다. 엘리야는 아합왕에게 다음과 같이 경고했습니다. "내 말이 없으면 수년 동안 비도 이슬도 있지 아니하리라"(왕상 17:1). 저는 엘리야가 하나님의 계시도 없이 임의대로 이 말을 했다고 생각하지 않습니다. 엘리야가 이렇게 말하고 난 후에 하나님은 그를 숨겨 두시고 기근 중에도 그 생명을 지켜 주셨습니다.

이후 3년이 지나고 하나님은 엘리야에게 이제 비를 내릴 테니 아합왕을 찾아가라고 말씀하셨습니다. 엘리야는 아합왕에게 그가 섬기는 신들이 참 신인지, 여호와께서 참 신이신지 확인하는 대결을 신청했습니다.

바알 신을 섬기는 선지자들이 실패한 후에 엘리야가 하나님께 기도했습니다. "아브라함과 이삭과 이스라엘의 하나님 여호와여 주께서 이스라엘 중에서 하나님이신 것과 내가 주의 종인 것과 내가 주의 말씀대로 이 모든 일을 행하는 것을 오늘 알게 하옵소서 여호와여 내게 응답하옵소서 내게 응답하옵소서"(왕상 18:36-37). 이에 여호와의 불이 내려서 하나님이 참 신이심이 증명됩니다.

그러고 난 후에 엘리야는 재미있는 행동을 합니다. 곧 비가 올 것이라고 왕에게 말하고는 갈멜산 꼭대기로 올라가서 땅에 꿇어 엎드려 그의 얼굴을 무릎 사이에 넣었습니다. 그리고 사환에게 바다 쪽에서 구름이 일어나나 보라고 했습니다. 이 모습을 기도하는 모습으로 보아야 할지, 아니면 비를 부르는 제의적인 행위로 보아야 할지는 의견이 분분하지만, 솔직히 기도하는 모습이든 제의적인 모습이든 제게는 너무 그럴듯한 연극처럼 보였습니다. 왜냐하면 엘리야는 비를 내리겠다는 하나님의 말씀을 듣고 기도한 것이니까요.

우리의 기도가 이럴 수 있다면 얼마나 좋을까요. 하나님이 하실 일을 알고 기도하는 것 말입니다. 고쳐 주실 것을 알고 병자를 위해서 기도하고, 귀인을 만나 경제적인 위기를 극복할 것을 미리 알고 기도한다면, 절실하지는 않겠지만 추호의 의심도 없이 기도할 수 있겠다 싶습니다.

만일 제가 엘리야의 상황 가운데 있었다면 무릎 사이에 얼굴을 묻고 기도하는 모습이 절실하게 보이는 것이 더 어색했겠다는 생각이 들기도 합니다. 제가 지나치게 비판적인가요? 이렇게 기도할 수 있는 엘리야가 샘이 나서 그런지도 모릅니다. 목회를 하면서 저는 한 번도 하나님의 계획을 미리 알고 기도한 적이 없으니까요. "하나님은 분명히 우리의 기도를 들어주실 것입니다"라고 교인들에게 말하고 열심히 기도했지만, 정말 기도한 대로 될 것이라는 확신을 하나님이 주신 적은 없었다고나 할까요? 그런 확신을 주셨다 해도 그것이 하나님이 주신 마음인지, 저의 간절한 원함으로 인한 확신인지도 늘 분명하지 않았습니다.

수단적 원인과 실제적 원인

사실 저를 조금 더 황당하게 만드는 것은 야고보서의 기록입니다. "엘리야는 우리와 성정이 같은 사람이로되 그가 비가 오지 않기를 간절히 기도한즉 삼 년 육 개월 동안 땅에 비가 오지 아니하고 다시 기도하니 하늘이 비를 주고 땅이 열매를 맺었느니라"(약 5:17-18). 정말 엘리야가 기도해서 비가 오지 않았고, 엘리야가 기도해서 비가 왔다고 말해도 되나요?

기도는 비가 오도록 한 실제적인 원인이 아닙니다. 다시 말하면, 하나님께는 전혀 그런 계획과 의도가 없으셨지만 엘리야가 기도하니까 비를 주기로 하신 것이 아니라는 것입니다. 하나님의 주권적인 계획이 실제적인 원인입니다. 기도는 비가 오게 한 수단적인 원인입니다. 하나님이 그 기도를 통해 일하기로 정하셨기 때문에, 기도는 결과적으로 절대적인 필요 수단이 되었습니다.

너무 어려우니까 이렇게 예를 들어서 설명해 보겠습니다. 하나님은 누구든지 그리스도를 주로 믿으면 의롭다고 여기겠다고 말씀하셨습니다. 자칫 믿음으로 우리가 의롭게 된다고 생각하기 쉽습니다. 하지만 하나님은 우리의 믿음을 보고 의롭다고 하지 않으십니다. 하나님이 우리를 의롭다고 보실 수 있게 하는 것은 그리스도의 순종입니다. 그리스도가 순종하심으로 친히 우리의 의가 되셨기 때문에, 하나님이 우리가 아닌 그리스도를 보심으로 우리를 의롭다 칭하시는 것입니다.

이 그리스도의 순종을 의지하고 붙들도록 만드는 것이 믿음입니다. 그러니까 그리스도의 순종이 실제적인 원인이 되고, 믿음은 수단적인 원인이 되는 것입니다. 그리스도의 순종이 실제적인 원인이기 때문에 수단적인 원인은 소용이 없다고 말할 수 없습니다.

하나님은 오직 믿음을 통해서 그리스도의 순종에 이르도록 정하셨기 때문이고, 그에 따라 믿음은 결과적으로 절대적인 필요 수단이 됩니다. 믿음이 없으면 하나님이 우리를 의롭게 하실 수 없는 것이 아니라, 믿음을 통해서만 하나님이 우리를 의롭게 하기로 정하셨습니다. 설명을 하고 나니까 더 어려워졌습니다.

기도하는 사람이
하나님의 일을 경험한다

하나님이 기도를 통해서 일하신다는 말은 우리가 기도하지 않으면 하나님이 일하지 못하신다는 의미는 아닙니다. 기도하지 않아도 하나님은 하나님의 계획을 이루실 것입니다. 그러나 기도하는 사람들은 하나님의 인도하심을 경험할 수 있습니다.

하나님은 엘리야에게 하나님이 하실 일을 말씀해 주셨고, 그래서 850명의 거짓 선지자들을 대면했지만, 그는 기도함으로 하나님의 일하심을 경험할 수 있었습니다. 이것이 기도의 위대함입니다.

기도는 하나님의 마음을 움직일 수 없지만, 하나님은 기도를 통해서 일하기로 하셨습니다. 그래서 기도하는 사람들이 마치 자신의 기도로 역사가 일어난 것처럼 경험하더라도 그것을 기뻐하기로 정하셨습니다. 엘리야에게 가라고 말씀하시고 기도하라고 하셨지만, 엘리야가 기도했을 때 "기도해서 비가 왔다"는 말을 기뻐하기로 하셨습니다. 기도를 통한 인간의 교만을 묵인하기로 하셨다는 말이 아니라, 기도를 통한 능력과 임재의 경험을 기뻐하기로 하셨다는 뜻입니다.

우리 하나님은 기도한 대로 움직이시는 분은 아니지만 기도를 통해서 일하시는 분입니다. 그래서 우리는 기도합니다. 서두에 소개한 한 사업가처럼 주차 공간을 발견한 것을 우연이라고 생각할 수도 있지만, 기도하는 사람들은 그것을 하나님의 응답으로 경험할 수 있습니다. 사업이 잘

되고 병이 낫는 것은 우연히 발생한 일이라고 생각할 수 있을 만큼 평범하고 일상적입니다. 하지만 기도한 사람은 그것이 기도의 응답임을 경험할 수 있습니다.

그리스도인들이 궁극적으로 원하는 것이 주어진 결과보다 하나님과의 동행이라면, 모든 일에서 기도는 절대적으로 필요합니다. 기도한 사람만이 하나님의 동행과 일하심을 경험하기 때문입니다. 기도는 주어진 모든 일을 하나님의 관점에서 해석하도록 만들어 주는 힘이 있습니다. 기도한 사람은 하나님이 하실 일을 볼 뿐 아니라 하나님이 하신 일을 봅니다.

따라서 그리스도인들이 주어진 모든 상황에서 먼저 기도하려 하고 기도를 결코 소홀히 할 수 없는 이유는 하나님이 기도를 통해서 일하실 것이라는 확신과 더불어, 기도한 사람이 그 현장에서 하나님을 경험한다는 확신 때문입니다. 하나님이 엘리야를 기도의 사람이라고 부르신 것은 그가 기도를 통해서 하나님이 일하시도록 만들었기 때문이 아니라, 기도를 통해서 하나님의 일하심을 경험했기 때문입니다.

○
우리가 기도하지 않아도 하나님은 당신의 계획을 이루십니다.
그러나 기도하는 사람은 하나님을 경험합니다.

따라 읽는 기도_경험함

우리의 기도를 기뻐하시는 주님!

우리가 기도한 대로 되든지, 되지 않든지 기도를 통해 하나님의 일하심을 경험하며 하나님의 동행을 누리고 싶습니다. 우리의 원함이 이루어지는 것보다 하나님의 원함이 이루어지는 것이 훨씬 더 원대하고 아름다운 일이라면 그 일을 볼 수 있고 동참할 수 있게 되기를 원합니다. 우리 기도의 지경을 넓혀 주셔서 세상에서는 우연히 발생하는 것처럼 보이는 많은 일에 사실은 하나님의 숨결과 손길이 닿아 있음을 기도를 통해 경험할 수 있도록 우리를 도와주소서.

나의 기도

23

응답받지 못해도 경배한
다윗의 기도

삼하 12:15-23

저는 청년 때부터 사무엘하 12장에 나오는 다윗의 기도가 정말 궁금했습니다. 다윗은 왜 기도했을까요? 무슨 기도를 했을까요? 이미 하나님의 정해진 뜻을 알고 있으면서도 '혹 하나님이 마음을 바꾸실지도 모른다'는 1%의 가능성 때문이었을까요? 기도를 통해서 하나님의 마음을 바꿀 수 있을까요?

성경에는 기도를 통해서 하나님의 계획과 마음을 돌이킨 사건도 있고, 그렇지 않은 사건도 있습니다. 하나님은 히스기야의 기도를 통해 하나님의 계획을 바꾸기도 하시고, 소돔과 고모라를 위한 아브라함의 기도에서처럼 하나님의 마음을 돌이킬 의향을 보여 주기도 하십니다.

이 장 본문의 사건에서는, 하나님은 다윗의 기도를 통해서 하나님이 처음에 말씀하신 계획을 바꾸지 않으셨습니다. 전지하시고 선하신 하나님이 그 계획하심에 결함이 있어서 바꾸시는 것이 아니라고 볼 때, 돌이키심도(그것 역시도 인간적인 표현일 뿐이겠지만) 하나님의 뜻 안에 있었다고 보는 것이 마땅할 것입니다.

만일 하나님이 우리의 기도를 통해서 계획하신 일을 이루신다면 우리의 기도로 하나님의 계획을 바꾸려고 하는 것도 합당하지 않지만, 하나님의 뜻과 더 원대한 계획을 알지 못하는 우리로서는 어차피 하나님이 마음을 바꾸지 않으실 것이라는 믿음(?)으로 기도가 소용이 없다고 생각하는 것도 자칫 불순종의 행위가 될 수 있습니다. 그렇다면 "우리의 기도로 하나님이 그분의 계획을 바꾸실 수 있는가?"라는 질문 자체가 그리 큰 의미가 없겠다 싶기도 합니다. 기도를 통해서 하나님의 마음을 바꾸는 것이 원래 하나님의 계획에 포함될 수 있다고 믿는다면 말입니다.

여기서는 '기도를 통해 하나님의 마음을 바꿀 수 있을까'보다는 '다윗은 어떤 심정으로 기도했을까'에 대해 생각해 보고 싶습니다.

응답받지 못한 간절한 기도

다윗이 드린 기도의 배경을 한번 생각해 보겠습니다. 다윗은 그의 심복 중 하나인 우리아의 아내 밧세바를 범했습니다. 그 후 밧세바가 임신했다는 소식을 듣고는 자신의 죄를 감추기 위해서 우리아를 죽이고 그녀를 아내로 맞았습니다. 하나님과 백성 앞에 크게 범죄한 것입니다.

하나님은 당시 선지자였던 나단을 통해서 다윗을 책망하시고 징계하시면서 밧세바를 통해 낳은 아들이 죽게 될 것이라고 말씀하셨습니다. 그런데 정말로 그 아들이 병에 걸려 사경을 헤매게 되었습니다. 다윗은 너무 안타까워서 하나님 앞에 금식하며 기도했습니다. 비록 자신의 죄로 인한 일이라고 할지라도 하나님이 야속하시다는 생각을 했을까요? 아이나 밧세바에게 너무 미안한 마음에 기도밖에는 아무것도 할 수 없었을까요?

만일 제가 그런 상황에 처했다면, 하나님의 계획을 이미 알고 있었다 해도, 하나님이 하신 말씀이 이제 임했으니 믿음으로 잘 견디게 해 달라고 기도하기보다는 제발 마음을 돌이키사 아이를 살려 달라고 기도했을 것 같습니다. 제가 범죄했으니 차라리 저를 치셔서 병이 들게 하시더라도 아이만은 살려 달라고 기도했을 것입니다.

그런데 다윗이 금식하며 기도한 지 일주일 만에 아이가 죽었습니다. 다윗이 얼마나 간절하고 절실하게 구했는지를 아는 신하들은 아이의 죽음에 관한 소식을 들을 때 다윗이 얼마나 상심할까 싶어 눈치를 보고 있었습니다. 다윗은 눈치를 채고는 "아이가 죽었느냐"(삼하 12:19)라고 물었습니다. 신하들이 아이가 죽었다고 하자 다윗은 몸을 씻고 기름을 바르고 의복을 갈아입고 여호와의 전에 들어가서 경배하고 왕궁으로 돌아와 음식을 먹었습니다.

신하들은 의아했습니다. 아마도 그 모습이 신하들에게는 냉정하게 보였는지 모릅니다. 아이가 죽기 전 울면서 금식한 것이 아이를 위한 것이 아니라, 다윗 자신의 죄를 회개하며 자신의 도리와 책임만을 행한 것으로 보였는지도 모르지요. 그래서 그들은 물었습니다. "아이가 살았을 때에는 그를 위하여 금식하고 우시더니 죽은 후에는 일어나서 잡수시니 이 일이 어찌 됨이니이까"(삼하 12:21).

그때 다윗은 이렇게 대답했습니다. "아이가 살았을 때는 혹 하나님이 나를 불쌍히 여겨 아이를 살려 주실 수 있을까 해서 기도했다. 하지만 이제 죽었으니, 그는 내게 다시 올 수 없으나 내가 그에게로 가서 그를 보리라"(삼하 12:22-23 참고).

상처받기 싫어 기대하지 않는 마음

사실 저는 이런 다윗의 냉정함이 이해가 되지 않았습니다. 살려 달라는 기도가 정말 진실했다면 아이가 죽었을

255

때 실망하고 상처를 받는 것이 맞지 않나요? 하나님이 꼭 들어주시기를 원하는 간절함과 들어주실 것이라는 확신이 있었다면, 기도가 원하는 대로 응답되지 않을 때 낙심하게 되지 않나요?

기도할 때와 기도한 후가 이렇게 다를 수 있다면 신앙의 위대함보다는 무정함에 마음이 혼란스러워집니다. 어차피 아이가 죽을 것을 알고 있었기 때문에 기도를 하면서도 마음의 준비를 하고 있었던 것이라면, 그 기도는 죽어 가는 아이를 위한 기도가 아니라 자기를 위한 기도였겠다 싶어서 그것도 마음이 불편합니다. 다윗이 기도에 대한 하나님의 응답에 상처를 받지 않았던 이유는 기도를 들어주지 않으실지 모른다는 가능성을 염두에 두었기 때문일까요?

저는 무슨 일을 만나면 항상 최악의 상황을 상상하는 습관이 있습니다. 어느 정신과 의사가 이런 저에게 방어 본능이 강하고 상처받는 것이 두려워 늘 최악을 생각하는 것이라고 말해 준 적이 있습니다. 그러니까 저는 기도를 하면서도 늘 최악의 경우를 염두에 두고 기도하는 셈입니다. 다시 말하면, 기도가 응답되지 않을 경우에 상처를 받지 않을 마음의 준비를 미리 해 둔 채 기도하는 것입니다. 좋게 미화해서 "그리 아니하실지라도"라고 말하지만, 사실은 응답되지 않음으로 인한 상처가 두려운 것이지요.

정말 하나님이 잘 해결해 주시기를 바라고 기도하지만, 혹 그렇게 되지 않는다 해도 일단 마음의 준비를 하고 있어야 된다고 생각하니까 이런 마음을 하나님을 온전히 믿고 의지하지 않는 '불신'과 '의심'이라고 부를 수도 있을 것입니다.

끝내 낙심하지 않는 이유

'그리 아니하실지라도'의 기도와 방어적인 기도는 같은 것일까요? 절망적인 상태에서 하나님 앞에서 성숙함을 보이려는 위선적인 모습, 혹은 불신앙적인 모습은 아닐까요? 저는 다르다고 생각합니다. 아니, 아주 큰 차이가 있다고 생각합니다. 방어적인 기도는 중심이 자기에게 있고, '그리 아니하실지라도'의 기도는 중심이 하나님께 있기 때문입니다.

조금 더 설명을 해 보겠습니다. 기도는 하나님을 우리

의 원함에 맞추는 것이 아니라, 우리를 하나님의 원함에 맞추려는 행위입니다. 그 근거는 물론 하나님의 선하심과 지혜로우심에 대한 신뢰입니다. "의심하지 말고 무조건 순종해야 한다"는 말은 불신의 말일 수 있습니다. 만일 진정으로 원하는 것이 그렇게 순종함으로 우리의 원함을 채우려 하는 것이라면 말입니다.

우리에게는 아무리 우리의 원함이 간절하다 할지라도, 하나님은 우리보다 선하시며 하나님의 지혜는 우리의 지혜를 뛰어넘는다는 믿음이 있습니다. 그분의 선하심과 지혜를 확증하는 사건은 물론 예수 그리스도의 사건이지요. 그렇기 때문에 우리의 모든 기도에는 공백과 간극이 있는데, 그 공백과 간극을 '즉각적인 원함과 궁극적인 원함 사이의 간극'이라고 보겠습니다.

아프면 병이 낫게 해 달라고 기도하고 가난하면 부자가 되게 해 달라고 기도하지만, 부자가 되고 건강해지는 것은 우리의 궁극적인 원함은 아닙니다. 우리의 궁극적인 원함은 주님의 기쁨이 되는 것이고 주님의 원함을 따라 사는 것입니다. 우리는 기도라는 특권을 통해서 즉각적인 원함을 가지고 하나님께 나아가 기도합니다. 하지만 마음 깊은 곳에 있는 진실한 원함은 하나님이 그분의 선하시고 지혜로우신 원함을 따라 우리의 삶을 인도해 주시는 것입니다. 그래서 우리는 간절하게 우리의 원함을 기도한 후에 "그리 아니하실지라도"라고 기도합니다.

꼭 그 말을 해야 하는가, 하지 않아도 되는가의 문제가 아닙니다. 그것은 우리 마음 깊은 곳에 있는 가장 진실한 원함이 무엇인가의 문제입니다. 기도가 원하는 대로 응답되지 않아 깊은 상처를 받아도 영구적인 장애가 되지 않고 서서히 치유가 되는 이유는 바로 이 원함이 있기 때문입니다.

다윗은 하나님의 선하심에 대한 믿음이 있었습니다. 아이가 회복되지 못한다면 다윗이 그곳에 가서 아이를 만나게 하실 것이라는 믿음 말입니다. 비록 자신의 죄로 인해서 하나님이 징계하셨지만 그를 버리지 않으신다는 믿음 말입니다. 바로 그 믿음 때문에 "그리 아니하실지라도"가 그의 마음 깊은 곳에 자리 잡고 있었던 것입니다. 단순히 기도를 안 들어주실지도 모른다는 의심으로 기도한 것이 아니라, 진정으로 하나님을 신뢰하고 싶다는 간절함으로 기도한 것입니다. 그렇기 때문에 일주일간의 금식에도 불구하고 하나님이 아들을 데려가셨을 때 다윗은 여전히 하나님의 선하심을 신뢰하며 회복될 수 있었던 것입니다.

즉각적인 원함과 궁극적인 원함 사이의 공백이 쉽게 줄어들지 않아서 긴 시간을 아픔과 슬픔으로 지내는 분들도 있을 것입니다. 하나님의 선하심과 지혜로우심에 대한 믿음으로, 그래서 예수 그리스도에 대한 믿음으로, '그리 아니하실지라도'가 진심으로 주님을 신뢰하며 살아가는 성도들의 마음속에 시간이 지나면서 선명하게 그 윤곽을 드러낼 수 있었으면 좋겠습니다.

○
기도는 하나님을 우리의 원함에 맞추는 것이 아니라,
우리를 하나님의 원함에 맞추려는 행위입니다.

따라 읽는 기도_원함

우리보다 우리를 더 잘 아시는 주님!

아프면 낫고 싶고, 가난하면 돈을 벌고 싶고, 무시를 당하면 인정을 받고 싶지만 우리가 궁극적으로 원하는 것은 주님의 기쁨이 되는 것입니다. 주님이 우리의 원함대로 기도를 들어주지 않으심으로 사실은 많은 상처를 받았고, 그래서 기도하지 않았고, 기도를 해도 상처를 최소화하기 위해서 응답을 기대하지 않았습니다. 우리의 원함을 따라 반응했지만, 그럼에도 하나님의 원함이 최고의 선이라는 고백은 진실합니다. '그리 아니하실지라도' 하나님의 원함이 기쁨이 되는 삶을 살아낼 수 있도록 도와주소서.

나의 기도

_____

_____

_____

_____

_____

24

고민과 슬픔 가운데
주님의 뜻을 따르신
예수님의 기도

———————

마 26:36-46

수능 시험을 보는 날 시험을 봐야 하는 딸이 너무 긴장되고 두려워서 "아빠, 나 오늘 시험 안 보면 안 돼?"라고 묻는다면 "그래, 힘들면 오늘 시험 보지 않아도 돼"라고 말할 아버지가 있을까요? 저는 있다고 생각합니다. 만일 딸이 정말 시험을 보고 싶어 하지 않고 그 시험에서 의미를 찾지 못한다면, 저라면 보지 말라고 말할 수도 있을 것 같습니다. 하지만 딸이 시험을 봐야 한다는 것을 알고, 시험을 보고는 싶지만 당장의 긴장이 싫어서 한 말이라면 어떻게든지 견디자고 위로의 말을 할 것 같습니다. 딸이 진정으로 원하는 것이 무엇인지 알기 때문입니다.

진심은 아니지만 너무 힘들어서 하는 말을 우리는 충분히 이해할 수 있습니다. 그런데 이 장 본문에서 주님이 하신 기도는 저로서는 왠지 석연치 않았습니다. 바로 그 순간을 위해 이 땅에 오셨을 뿐만 아니라 지금까지 한 번도 흔들림이나 망설임을 보이신 적이 없었던 주님이 마지막 순간에 흔들리신 것처럼 보였으니까요. 그래서 마땅히 가야 할 길임을 아셨음에도 왜 "할 만하시거든"이라고 기도하셨는지, 그 의미가 무엇일지 많이 생각하게 됩니다.

마가복음 9장을 보면, 귀신 들린 아들 때문에 힘들어하던 한 아버지가 나옵니다. 그는 아들을 고쳐 주고 싶은 마음에 주님을 찾아왔습니다. 애석하게도 주님은 계시지 않았고 제자들만 있었습니다. 사정을 들은 제자들은 아들에게서 귀신을 쫓아내려고 했습니다. 기도를 했는지는 모르겠습니다. 나중에 주님이 "기도 외에 다른 것으로는 이런 종류가 나갈 수 없느니라"(막 9:29)라고 말씀하신 것을 보아서 기도하지는 않았는지 모르겠습니다. 하지만 주님도 기도하지 않고 귀신에게 명해서 쫓아내신 것을 보면 주님이 기도의 형태를 강조하신 것이라고 보기는 어렵습니다.

아버지로서는 답답하고 안타까웠습니다. 그때 주님이 오셨습니다. 아버지는 주님 앞에 나와서 자초지종을 말씀드린 후에 "무엇을 하실 수 있거든 우리를 불쌍히 여기사 도와주옵소서"(막 9:22)라고 간곡하게 부탁했습니다. "무엇을 하실 수 있거든"은 "할 만하시거든"과 같은 말입니다(원어에서도 같은 단어를 사용합니다). 그때 주님이 말씀하셨습니다. "할 수 있거든이 무슨 말이냐 믿는 자에게는 능히 하지 못할 일이 없느니라"(막 9:23).

아버지가 "무엇을 하실 수 있거든"이라고 말한 것은 주님의 능력을 의심해서거나 아니면 그저 예의를 갖추어서 한 말이라기보다는 간절함의 표현이었다고 볼 수 있습니다. 주님의 말씀 후에 아버지가 큰 소리로 "내가 믿나이다 나의 믿음 없는 것을 도와주소서"(막 9:24)라고 간절하게 부르짖은 것을 보면 알 수 있습니다. 하실 수 있으면 해 보시라고 주님의 능력을 시험한 것도 아니고, 안 해 주셔도 상관이 없지만 해 주시면 좋다는 선호도를 말한 것도 아닙니다. 진실함과 간절함의 표현이었습니다.

그렇다면 주님이 "할 수 있거든이 무슨 말이냐 믿는 자에게는 능히 하지 못할 일이 없느니라"라고 말씀하신 것은 그가 능력을 의심했다는 책망이 아니라, 진정으로 귀신을 쫓아내기를 원한다는 애정의 표현입니다. 엄밀히 말해, 아들을 낫게 만든 것은 아버지의 믿음은 아니었으니까요. 다시 말하면, 아버지가 제자들에게 왔을 때는 안 믿다가 예수님께 왔을 때는 믿어서 아들이 낫게 된 것은 아니었습니다. 아이를 낫게 만든 것은 예수님의 능력이었고 예수님의 원함이었습니다.

감히 흉내 낼 수 없는
사랑의 기도

예수님은 완전한 인간이셨지만 인간이 느끼는 감정을 똑같이 경험하셨다고 보아야 할까요? 예수님이 시험을 받으셨지만 죄는 없었다고 해서, 예수님도 여자를 보면 음욕이 생겼지만 죄를 짓지 않으셨고 잘 먹고 잘사는 사람들을 보면 부럽고 샘이 났지만 탐욕스럽게 재물을 모아 두지는 않으셨다고 보아도 될까요? 주님이 말씀하신 대로음욕은 이미 간음이고 미움은 이미 살인이라면, 주님이죄를 짓지 않으셨다는 말은 그런 감정을 갖지 않으셨다고보는 것이 합당합니다.

　죄를 짓지 않는 선에서 슬픔과 두려움을 느끼신다면그것이 어떤 감정일지 이해할 수는 없겠지만, 완전한 인간으로서 슬픔과 두려움이 없었다고 볼 수는 없을 것입니다. 주님은 제자들에게 고민하고 슬퍼하사 "내 마음이 매우 고민하여 죽게 되었으니"(마 26:38)라고 말씀하셨으니까요. 그러니까 슬픔과 고민은 정당한데, 주님은 무엇을 슬퍼하시고 힘들어하셨을까요?

　저는 주님이 앞에 놓인 십자가 처형으로 인한 육체적

인 고통과 제자들의 배신을 그토록 힘들어하신 것은 아니라고 생각합니다. 주님이 힘들어하신 것은 육체적이고 정신적인 것이 아니었습니다. 그러니까 주님이 "할 만하시거든 이 잔을 내게서 지나가게 하옵소서"(마 26:39)라며 겟세마네에서 드린 기도는 십자가에서 죽는 고통 말고 다른 방법을 기대하신 기도가 아닙니다. 주님이 힘들어하신 것은 하나님의 진노였습니다. 성자 하나님이 성부 하나님의 저주를 받으사 버림을 받으시는 일이었습니다.

물론 부활을 통한 회복이 보장되었다 할지라도, 주님이 경험하실 절망은 죽음과 심판 앞에서 모든 인간이 경험해야 할 실존적 절망이었습니다. 그러니까 주님의 이 기도는 인간을 향한 처절한 사랑을 표현한 기도입니다. 단지 십자가에서의 아픔 때문에 망설이신 것이 아닙니다. 이처럼 삼위일체 하나님이 우리를 사랑하심을 보여 주신 것입니다. 하나님이 우리를 사랑하심은 하나님이라서 당연한 것이 아니라, 너무 끔찍스럽고 감당할 수 없이 처절한 희생을 통해서만 가능한 것이었음을 보여 주신 것입니다.

저는 주님이 하신 이 '할 만하시거든'의 기도가 우리는 감히 흉내 낼 수 없는 기도라고 생각합니다. 이 기도는 망설임을 의미하는 것도 아니고, 다른 방법이나 하나님의 계획 변경을 기대하는 것도 아니고, 하나님의 능력을 의심하는 것도 아닙니다. 주님의 이 기도는 우리를 향한 하나님의 사랑의 너비와 길이와 높이와 깊이가 무한함을 보여 주는 기도입니다.

순종을 바라는 믿음의 고백, '주의 뜻이면'

우리는 주님이 이 기도를 하셨기 때문에 우리 역시 그렇게 기도할 수 있는 것은 아니지만, 비슷한 맥락에서 "할 만하시거든"이라고 기도할 수 있습니다. 과거 경건한 신자들은 자신의 계획이나 뜻을 전달할 때마다 "Deo Volente"(데오 볼렌테, Lord's Willing)라는 말을 사용했다고 합니다. '주님의 뜻이면'이라는 의미인데, 야고보서 4장 15절에 나오는 말입니다.

야고보 사도는 장사를 하는 사람들이 여러 계획을 세우지만, 인생이란 잠깐 보이다가 없어지는 안개이므로 "주의 뜻이면 우리가 살기도 하고 이것이나 저것을 하리라"라고 말해야 한다고 가르쳤습니다.

물론 말을 할 때마다 이 표현을 사용해야 하는 것은 아니지만, 우리의 모든 말과 계획에는 이 고백이 전제되어 있습니다. 주의 뜻이면 아침에 깨어날 것이고, 주의 뜻이면 사고 없이 직장에 출근할 것이고, 주의 뜻이면 점심에 친구를 만날 것이고, 주의 뜻이면 오후에 커피를 마실 것이고, 주의 뜻이면 정시에 퇴근할 것입니다.

"주님의 뜻이 다른 곳에 있다면 우리가 원하는 대로 되는 일은 하나도 없다"는 것이 우리의 고백입니다. "할 만하시거든"은 바로 이 고백입니다. 그러니까 이 말은 하나님의 능력을 의심해서 "하실 수 있거든"이라고 말하는 것도 아니고, 이렇게 말함으로 하나님 앞에 순종과 겸손을 보여 하나님의 은혜를 입기 위한 수단도 아닙니다.

주님은 믿는 자에게는 능히 하지 못할 일이 없다고 말씀하셨는데, 우리는 주님의 능력을 의심하지 않습니다. 주님은 무엇이든지 하실 수 있는 분이라서 저를 부자로 만드시고, 제 장애를 고치시고, 제 문제를 순식간에 해결하실 수 있는 분임을 너무 분명히 믿습니다. 우리가 의심(?)하는 것은 주님의 능력이 아니라 주님의 원함입니다. 주님이 제 장애를 고칠 능력이 있는 분이시라는 것은 믿지만, 그렇게 하기를 원하시는지는 잘 모릅니다. 그러니까 "할 만하시거든"은 능력을 의심하는 말이 아니라 "주님의 뜻이면"이라는, 의지를 묻는 말입니다. 안 될지도 모른다는 가능성을 말하는 것이 아니라, 어떤 경우에도 하나님께 순종하기를 원한다는 믿음의 고백입니다.

앞서 언급했듯이, 우리의 모든 기도에 "주님의 뜻이면"이라고 말할 필요는 없습니다. 그러나 우리의 모든 기도와 간구에 "주님의 뜻이면"이 전제되어 있습니다. 그래서 우리의 당장의 원함은 하나도 중요하지 않고 하나님의 원함만 중요하다는 의미는 물론 아닙니다. 우리의 당장의 원함은 그만큼 절실하고 간절하지만, 그럼에도 주님의 뜻에 순종하려는 마음이 있기에 "주님의 뜻이면"에는 고민과 슬픔이 있습니다.

"주님의 뜻이면" 혹은 "할 만하시거든"은 믿음이 좋은 사람들이 망설임 없이 담대하게 할 수 있는 말이 아닙니다. 치열한 삶의 현장에서 주님의 원함을 따르려는 고민과 슬픔으로 죽게 되어 하는 말입니다. 우리는 기도할 때 진심으로 우리 하나님을 신뢰하고 사랑합니다.

○
우리의 원함은 그만큼 절실하고 간절하지만, 그럼에도 주님의 뜻에 순종하려는 마음이 있기에 "주님의 뜻이면"에는 고민과 슬픔이 있습니다.

따라 읽는 기도_순종을 구함

아들에게 진노와 저주를 쏟아 우리를 향한 사랑을 이루신 하나님!

겟세마네 동산에서 주님이 드리신 기도를 보며 우리는 그 사랑에 오열합니다. 그렇게 우리를 사랑하셨습니다. 그렇게 우리를 살리셨습니다. 그 사랑 때문에 우리는 고민과 슬픔 중에도 "할 만하시거든"이라 감히 기도합니다. 할 만하시거든 이 잔을 거두어 주소서. 그러나 진심으로 우리는 하나님의 사랑만을 의지합니다. 어떤 경우에도 그 사랑을 믿사오니 그 사랑을 의심하지 않도록 우리의 믿음 없음을 도와주소서.

나의 기도

_____

_____

_____

_____

_____

271